Barmettler · Dalmatiner

ISBN 3-275-01197-9

1. Auflage 1996

Titelfoto: Lilly Barmettler, CH-8640 Rapperswil

Satz: Vaihinger Satz+Druck, D-71665 Vaihingen a. d. Enz
Druck: Maisch & Queck, D-70839 Gerlingen
Bindung: Karl Dieringer, D-70839 Gerlingen
Printed in Germany.

Lilly Barmettler

Reihe: »Hunderassen« · Herausgeber: Urs Ochsenbein

Dalmatiner

Ursprung · Aufzucht · Erziehung · Pflege

Müller Rüschlikon

Foto: M. Reupke

Inhaltsverzeichnis

Gedanken zuvor...

Zweifellos ist es der Wunsch nach einem Haustier, der den Leser veranlaßt, dieses Buch in die Hand zu nehmen.

Hunde sind wundervolle Wesen, ihre Anhänglichkeit und Treue ist bedingungslos. Oft bringt die Aufgabe, einen Hund zu versorgen, dem einsamen Menschen neuen Lebensinhalt und man erlebt hautnah auf dem täglichen Spaziergang die stets wechselnden Zeiten in der freien Natur. Man lernt Leute kennen, gewinnt neue Kräfte und Lebensfreude. Kinder lernen das andersartige Lebewesen zu respektieren und die Verantwortung ihm gegenüber zu übernehmen: Der vierbeinige Freund hat immer Zeit, hört interessiert zu, ist aber enorm verschwiegen. Wissenschaftliche Erkenntnisse beweisen, daß sich der tägliche Umgang mit einem Haustier positiv auf unsere Gesundheit auswirkt.

Auch wenn unsere heutigen Hunde von Menschen mehr oder weniger gewollt gezüchtet werden, sind sie stets geprägt vom ererbten Verhalten ihrer Wolfsahnen. Der Mensch hat bereits vor vielen tausend Jahren die Nützlichkeit dieses Verhaltens entdeckt und ein Haustier herangezüchtet, das unseren Lebensformen entspricht: Als nützlicher Helfer bei der Jagd, Hüter der Herde, Beschützer von Haus und Hof, Rettungshund, Sporthund sowie Begleiter als Familienhund. Durch diese Spezialisierung entstand eine unabschätzbare Zahl von Rassen unterschiedlicher Gestalt, Größe, Farbe, Haarart und Eigenschaften. Gerade dieser Formenreichtum verwirrt den Laien, der sich einen Hund anschaffen möchte. Er braucht Rat und ist auf ehrliche Angaben angewiesen: Er muß sich ein genaues Bild machen können über die Charaktereigenschaften und die Vor- oder Nachteile einer Rasse, denn es ist in jedem Fall von entscheidender Bedeutung, ob der richtige Hund für den richtigen Zweck ausgewählt wird.

Der Dalmatiner ist ein überaus gesunder und robuster Hund. Ein anhänglicher und kinderlieber, bis ins hohe Alter verspielter Schmuse- und Familienhund, der aber seine Aufgabe als Beschützer nie vergißt. Ein Hund, der keine übermäßige Pflege braucht, nicht getrimmt oder geschoren werden muß, sich im Haus ruhig verhält, dafür aber auf dem von ihm heißersehnten, ausgiebigen Spaziergang unermüdlich läuft und dank seiner Intelligenz und Ausdauer großen Anklang findet als Sport- und Rettungshund.

Dank der Mithilfe vieler Dalmatinerfreunde aus dem In- und Ausland konnte dieses Buch entstehen. In einfach verständlicher Weise vermittelt es Einsicht in die Geschichte, Aufzucht, Haltung und Pflege. Der Beitrag «Erziehung» wurde im Sinne des weltweit anerkannten Kynologen Urs Ochsenbein geschrieben und durch die entsprechende Bildserie illustriert. Die veterinär-medizinische Beratung übernahm freundlicherweise der Tierarzt Rolf Reimann. Ihnen und den vielen Ungenannten danke ich herzlich für ihre Unterstützung.

1. Geschichte, Ursprung

Die Anfänge der Domestikation des Hundes liegen sehr weit zurück und man weiß darüber verhältnismäßig wenig. Fossilienfunde lassen vermuten, daß die erste Hundezähmung vor weit mehr als 10 000 Jahren stattgefunden hat. Die Wölfe oder wolfs-ähnlichen Tiere trieben sich vermutlich um die menschlichen Behausungen herum und suchten nach Abfällen und Fäkalien. Zufällig aufgefundene Welpen wurden aufgezogen und diese erwiesen sich bald als muntere Spielgefährten und spätere Bewacher der Kinder. Die Furcht gegenüber dem Fremdartigen wurde zusehends überwunden. Unsere Vorfahren erkannten die Fähigkeiten des wilden Tieres: Sie zähmten und bildeten es zum Jagdhelfer aus, übertrugen ihm die Aufgabe als Viehhüter und Bewacher der Behausung.

War der Dalmatiner bereits im alten Ägypten bekannt?

Man zweifelt heute kaum noch daran, daß der Hund aus dem Wolf hervorgegangen ist. Die Tatsache, daß man in den Siedlungen der Jungsteinzeit Gebeine von Hunden neben menschlichen Skeletten fand, läßt die bereits engen Bande zum Menschen erkennen. Bereits sehr früh wurde an verschiedenen Punkten der Erde versucht, Hunde zu züchten, die bestimmte vom Menschen erwünschte Eigenschaften vererbten. Die Selektion in geographisch und klimatisch unterschiedlichen Ländern war ein wichtiger Faktor bei ihrer Entwicklung. So entstanden Hunde für unzählige Bereiche, mit unterschiedlichen Körperformen, Behaarung, Ohren- und Rutenformen, Seh- und Hörfähigkeiten usw. Als die Aufzeichnungen über unsere Hunde begannen, war er wohl schon lange Begleiter des Menschen. Genau werden wir nie erfahren, wie und wann das erste Zusammentreffen von Mensch und Hund stattfand.

Woher stammen unsere Dalmatiner?

Über die Herkunft der Dalmatiner gibt es viele Vermutungen und Spekulationen, aber nur weniges kann klar bewiesen werden. Es ist anzunehmen, daß die ungewöhnliche Fellfarbe vor langer Zeit durch eine zufällige Mutation erschien und anschließend durch gezielte Paarung verbreitet wurde. Es kann sein, daß diese Rasse ursprünglich aus einem warmen Land stammt, wo ein kurzhaariger, drahtiger Hund von heller Fellfarbe seine Richtigkeit hatte.
Ob er aus dem historischen Küstenstrich «Dalmatien» stammt? Einer Gegend mit unzähligen Inseln an der adriatischen Küste Jugoslawiens, das früher von Illyrern und Griechen besiedelt war und später 30 v. Ch. von den Römern den Namen «Provintia dalmatia» erhielt. Ein erster Hinweis auf diese Rasse könnte ein Reisebericht über Dalmatien aus dem

»Die Legende des St. Hubert«, 1750, von Heinrich Wahl.

Jahre 1253 sein: Ein Holländer beschreibt darin eine kurzhaarige, bodenständige und kräftige Hunderasse, ohne jedoch von einer Pardelung oder Fleckung zu berichten.
Viele einschlägige Werke weisen im Laufe der letzten Jahrhunderte auf den Dalmatiner hin. Man findet die Rasse beschrieben unter: Ägyptischer Hund, Tigerhund, Bengalische Bracke, Türkischer Hund, Dalmatinischer Hund, Petit Danois (Kleine dänische Dogge). Anhand vieler Darstellungen darf man annehmen, daß der Ursprung der Dalmatinerhunde weit ins Altertum zurückreicht. Viele Illustrationen aus verschiedenen Ländern dokumentieren, daß diese Rasse bei der Jagd, als Begleiter und Beschützer Verwendung fand. Eindrücklich beweist dies ein sehr alter Druck aus dem frühen Altertum, welcher einen gepardelten oder getupften Hund zeigt, der neben einem vermutlich ägyptischen oder babylonischen Kriegswagen herspringt.
Skizzen von Hunden mit Dalmatinermuster findet man in altägyptischen Pharaonengräbern und auf Grabmälern. In den Königsgräbern in el–Tarif sind auf einer Grabplatte von *Intef II* aus der 11. Dynastie (2000 v. Chr.) einige zur Zeit der Pharaonen vorkommende Hunderassen aufgezeichnet, u.a. ein «Dalmatiner» – Windhund nubischer Herkunft.
Der Engländer *Caius, Dr. der Physik* (1510–1573), der auf Wunsch seines Freundes, *Conrad Gessner aus*

Zürich, einen lateinischen Abriß über Hunde schrieb (1576 von *Abraham Fleming* unter dem Titel «Of English Dogs» übersetzt), weist in einer Briefnotiz auf dalmatinerähnliche Hunde hin; auf eine neue, aus Frankreich nach England importierte Hundeart – die ganz weiß mit schwarzen Tupfen ist und «Gallican» genannt wird. Einige Jahrzehnte später, zirka 1637 zeichnet der italienische Naturforscher *Aldrovandus* einen getupften, für die Jagd ausgebildeten Hund. Einen rauhhaarigen, brackenartigen Hund von heller Grundfarbe mit Stummelschwanz, schwarzem Sattel, Platten am Rutenansatz sowie auf Nacken und Kopf und Sprenkeln an Beinen und Füßen.
Weiße Hunde mit schwarzen Flecken oder Sprenkeln wurden – als dekorativer Schmuck – von vielen bekannten Malern mit Vorliebe abgebildet. Das vermutlich älteste bekannte Gemälde (ca. 1360) ist in der Capella della Spagnoli in Florenz zu sehen. Die Szene zeigt eine Meute gefleckter Hunde, die ein Rudel Wölfe angreift.
Ein weiteres geschichtsträchtiges Bild, gemalt im Jahre 1647 vom berühmten Maler *Gerhard Terborch*, zeigt den Dauphin von Frankreich in Begleitung eines gefleckten Hundes mit schwarzen Ohren. Diese Szene hält den «Kongreß von Münster» am Schluß des Dreißigjährigen Krieges fest.

Bewick's «Dalmatinerhund»
«History of Quadrupeds» 1791

Auch von *Francesco Castiglione* entstand am Ende des 17. Jahrhunderts, um 1695, ein unverkennbares Bild «Jagdhunde und ihre Betreuer». In einer ruhenden Hundemeute erkennt man einen korrekt getupften, sehr kräftigen «Dalmatinerhund», welcher – in allen Dalmatinerfreunden bekannter Manier – auf dem Schoß eines zufrieden lächelnden Knaben liegt.
Um 1750 fertigte der Kunsttischler *Heinrich Wahl* ein wunderschönes Möbelstück an. Im Wittelsbacher-Schloß in Berchtesgaden wird ein Schreibschrank gezeigt, eingelegt mit Elfenbein und Ebenholz. Ein oberer Teil der Intarsien stellt eine Szene der Hubertus-Legende dar. Zwei schöne, unverkennbare Dalmatiner liegen zwischen *Hubertus* und dem Hirsch mit dem schimmernden Kreuz zwischen dem Geweih. Gemäß der Legende um 727, soll der fränkische Adelige die Jagd so leidenschaftlich geliebt haben, daß er sämtliche religiösen Pflichten darüber vergaß. Als er nun auf der Jagd sein Gewehr auf einen Hirsch anlegte, erschien in dessen Geweih ein wunderbar schimmerndes Kreuz. *Hubertus* erkannte das Zeichen des Himmels und fiel betend auf die Knie. Er änderte sein Leben, wurde Mönch, später Bischof von Lüttich, und wurde nach seinem Tode heilig gesprochen.
Der französische Naturforscher *Buffon* weist in seinem um 1772 erschienenen Werk *«Die Vierfüßigen Thiere»* auf einen Spürhund «Bengalischer Harrier» oder Hasenhund hin, dessen Fell, weiß mit kleinen falben und schwarzen Sprenkeln und Flecken übersät ist, der einen Stummelschwanz besitzt – weil dieser, wie *Buffon* schreibt, bei jungen Tieren immer so abzusterben pflegt.
Vor zirka 200 Jahren wurde der getupfte Hund erstmals von *Thomas Bewick* «Dalmatinerhund» genannt. In seinem Buch «History of Quadrupeds» (Geschichte der Vierfüßler), das im Jahre 1791 erschien, bildet er einen kräftig gebauten, vom Kopf bis zur Schwanzspitze mit kleinen Tupfen übersäten Hund, mit «Monokel», eng am Ohransatz kupierten Ohren und einem Ringelschwanz ab. *Bewick* führt Dalmatien als Urheimat des «Dalmatinischen Hundes» auf.
Obwohl für *W. Taplin* der Dalmatiner nur geringen Wert – höchstens, um den Stall zu schmücken – hatte, nahm er in seinem Buch «The Sportsman's Cabinet» (1803) einen typischen Dalmatiner auf: Reinagles Bild «Der Kutschenhund». Außer der mus-

«Der Kutschenhund», 1803, von Reinagle (1749 – 1833) mit Blauauge

kulösen, kräftigen, aber überaus eleganten Körperform sticht das sichtbare sehr helle Auge – möglicherweise ein Blau- oder Birkenauge – hervor.
Der Wiener Zoologie-Professor, *Dr. L.J. Fitzinger,* kennt den Dalmatiner in seinem Werk «Der Hund und seine Rassen» (1876) als «Bengalische Bracke», aber auch als «Dalmatinischen Hühnerhund». Er schreibt, daß diese Rasse zuerst in Dalmatien gezogen, später nach Bengalen gebracht und von dort nach Europa eingeführt wurde. Klar überzeugt ist *Richard Strebel* («Die Deutschen Hunde», 1903), daß der Dalmatiner ursprünglich Parforce- oder Vorstehhund war, seine Heimat Italien ist und sein Name entstand, als er im Balkan vor allem in Dalmatien als Kriegshund eingesetzt war.
Erwähnenswert ist, daß sich in jüngster Zeit *Dr. Ratimir Orban* aus Zagreb (Kroatien) intensiv mit der Herkunft der Dalmatiner befaßte. Er vermutet Ägypten als Ursprungsland der gefleckten Hunde, mit der Begründung, daß in den Grüften der Pharaonen auf Fresken dem Dalmatiner sehr ähnliche Hunde – Pharaonenhunde genannt – gefunden wurden. Später wurden solche Hunde über den Nahen Osten auf den Balkan gebracht und über Griechenland in das

damals römische Dalmatia, wo sie zur heutigen Form hingezüchtet wurden. Die Dalmatiner waren offenbar schon damals angenehme Reisebegleiter, denn die Seefahrer aus Dubrovnik (Ragusa) sollen sie auf ihren Seereisen mitgenommen und dadurch in den Mittelmeerländern weiter verbreitet haben. *Dr. Orban* glaubt weitere sichere Beweise, daß diese Rasse aus Dalmatien stammt, im Archiv des Bistums Djakovo gefunden zu haben. Ein Dokument aus dem Jahre 1719 des Bischofs aus Djakovo, *Petar Bakic,* beschrieb den Dalmatinerhund genau: Er nannte ihn «Canis Dalmatikus» und wies ebenfalls auf einen ehemaligen Bischof *Petrus* hin, der bereits im Jahre 1374 Kroatiens Jagdhunde beschrieb und unter anderen einen «Canis Dalmaticus» erwähnte. Zu dieser Zeit galten die «Dalmatinischen Hunde» als sehr wertvoll, denn Kauf- und Schenkungsurkunden befaßten sich mit dieser Rasse. Der attraktive weiße Hund mit seiner schwarzen und/oder braunen Tüpfelung war auf Adelswappen und als päpstliches Symbol über Jahrhunderte sehr beliebt und bekannt. *Dr. Orban* erwähnt den Dalmatinerhund im Wappen des Ritters *Dr. Menis v. Slvanera* (um 1855) Protomedicus von Dalmatien, des Marschalls *Marquis Guadagna* (um 1738) von der kroatischen Militärgrenze, des Edlen *von Jacogna* aus Kotor (um 1825), des aus Verona stammenden *Conte di Gadio Giusto* (um 1600) und des englischen Edelmanns *Christopher Heyden* (bereits um 1540).

Der Dalmatiner von heute

Im letzten Drittel des 19. Jahrhunderts war der Dalmatiner weltweit anzutreffen. Man findet nun einen Abriß über sein Äußeres mit allerhand Vermutungen über seine Herkunft in vielen einschlägigen Werken. Vor allem in England erlebte der Dalmatiner nun eine große Beliebtheit. Man kannte ihn als «Spottet Dog» und er wurde wegen seiner hübschen Zeichnung und eleganten Erscheinung sowie seiner Vorliebe für Pferde zum aparten Begleiter der Jagdgesellschaften und vornehmer Kutschen der Adelsleute. Charakteristisch lief der Hund meist instinktiv unter den Radachsen der Kutsche. Erwartungsgemäß übernahm er nun die Aufgabe, die Pferdestallungen zu beaufsichtigen und auf ihrem Marktgang hatte er als «Pack Dog» die Farmersfrauen und ihre Packpferde, samt Ware, zu begleiten und zu bewachen.

Der Dalmatiner galt aber vielerorts als sehr scheu, vermutlich weil er im Stall bei den Pferden hauste und dadurch kaum menschlichen Kontakt kannte. Seine früher oft zitierte Dummheit kam wohl daher, daß sehr viele Hunde unerkannt taub waren!

Der Engländer *Vero Shaw* kannte den Dalmatiner offenbar genau, faßte alle wichtigen Punkte in einem Rassestandard zusammen. In seinem Werk «Das illustrierte Buch vom Hunde» (1881) widmet er ein ganzes Kapitel dem Dalmatiner oder Wagenhund: Er vermerkt, daß der Dalmatiner auf Ausstellungen zwar zahlenmäßig schwach vertreten sei, aber umsomehr Aufmerksamkeit durch sein elegantes Aussehen auf sich lenke. Er macht das übliche Abschneiden der Ohrlappen, welches oft Entzündungen und Geschwüre fördere, verantwortlich für das Entstehen der Taubheit.

Die oft verbreitete Meinung, daß der Dalmatiner wenig Intelligenz habe, weist er zurück: Gehörig dressiert, werde er bestimmt ein tüchtiger Jagdhund, zumal er in seinem Körperbau einem Pointer schweren Schlages ähnlich sehe und daher den Strapazen einer ermüdenden Jagd vollständig gewachsen sei. Die Hauptleidenschaft des Dalmatiners sei allerdings die Liebe zu Pferden, aber auch die große Anhänglichkeit an seinen Herrn. Als vortrefflicher Wachhund eigne er sich besonders für die Geschäftswagen und Paketfahrer der Kaufleute.

Im Jahre 1890 wurde in England der «British Dalmatian Club» gegründet. Der von *Vero Shaw* aufgestellte Rasse-Standard wurde offiziell ausgeschrieben und vom 1873 gegründeten «Kennel Club» gutgeheißen. Man versuchte nun Dalmatiner nach einheitlichem Vorbild zu züchten.

Ebenso beliebt wie in England war der Dalmatiner auch in Amerika, vor allem als treuer «Coach Dog». Er avancierte später zum Feuerwehrhund oder «Firehouse-Dog» und hielt damit Einzug in die Pferdeställe der amerikanischen Feuerwachen. Seine Aufgabe bestand darin, die Stallungen zu bewachen und die von den Pferden gezogenen Pump- und Schlauchwagen zu den Brandstätten zu begleiten. Bei Löscheinsätzen der Feuerwehr hatte er dem roten Pferdewagen bellend voraus zu rennen, die Pferde anzufeuern und für freie Fahrt zu sorgen. Er soll auch als begabter Rettungshund in brennenden Häusern eingesetzt worden sein. Der Dalmatiner gehörte bald zum traditionellen Erscheinungsbild der Feuerwehr. Nach der Modernisierung der Feuerwehr galt er –

vor allem in New York – als «Maskottchen» und man fuhr nun per Auto samt Hund zu den Brandstellen.
Bald nach der Jahrhundertwende verdrängte die moderne Fortbewegungsmöglichkeit – das Auto – weltweit die Pferdekutschen. Der treue Begleithund wurde überflüssig und man zweifelte nicht daran, daß der Dalmatiner ausgedient hatte. Sein trauriges Schicksal schien durch die krisengeschüttelte Zeit zu Beginn des Jahrhunderts endgültig besiegelt. Während des Ersten Weltkrieges nahm die Zahl der Dalmatiner bedenklich rasch ab und die Zucht wurde aus verständlichen Gründen weltweit vernachlässigt. Viele Skeptiker glaubten recht zu bekommen, als 1920 im «Crystal Palace» an der «Kennel Club Show» nur ein einziger Dalmatiner erschien. Aber nur 14 Jahre später, im Jahre 1934, war ihre Zahl beachtlich angestiegen. So wurde an der ersten, heute weltweit bekannten «Crufts Dog Show» bereits die stattliche Anzahl von 129 Dalmatinern registriert. Kenner wissen, daß die Erhaltung der Dalmatiner hauptsächlich den Liebhabern in England zu verdanken ist. Auch heute sind weltweit Zuchttiere ohne englische Blutlinien kaum anzutreffen.
Durch die reizende Geschichte «101 Dalmatiner», von Dodie Smith 1956 geschrieben, und den 1961 folgenden Zeichentrickfilm von Walt Disney, erlebte der bei uns eher selten gesehene Dalmatiner sein «Comeback». Wer den Dalmatiner kennt, findet in der Aufführung die herzliche Eigenart und sein Gehabe wieder, das dem Hund eigen ist. Auch wurde sein photogenes Äußeres und sein stolzes Gehabe von vielen Filmleuten beachtet und er ist in neuer Zeit überaus beliebt für Werbekampagnen.

Cruft's Sieger 1934,
Ch Lucky James und Ch Venus of the Wells
Eig. Miss IB Clay (Bild aus «Dog World», 1985).

2. Der Dalmatiner im deutschsprachigen Raum

Der Dalmatiner in der Schweiz

Im Jahre 1883 wurde die Schweizerische Kynologische Gesellschaft (SKG) gegründet und bereits 1884 erschien der erste Band des Hundestammbuches (SHSB). Diesen nun regelmässig folgenden Aufzeichnungen verdanken wir vor allem die Angaben über das frühere Vorkommen der Dalmatiner in der Schweiz.

Den ersten Dalmatiner findet man im Band III des SHSB aus dem Jahre 1891 eingetragen. Der Hund heißt Tiger II; geb. 6.11.1884; Schulterhöhe 54 cm; weiß mit schwarzen Tupfen «im Gesicht und an den

Dalmatinerhündin «Beroline»,
Bes. Herr Hugo Doesse

Dalmatiner-Wurf aus dem Jahre 1929.
Von links: Moya, Motte, Morin und Missing von Meggenhorn; Züchterin H. N. Frey

Füßen rothgelbe Tupfen», gezüchtet in Teufen. Interessant ist, daß der Dalmatiner offenbar bereits am Ende des letzten Jahrhunderts Beachtung fand, denn bereits 1892 ist im Band IV unter «Die Rassezeichen der Luxushunde» die allgemeine Erscheinung des Dalmatiners beschrieben und bildlich aufgezeichnet durch eine Dalmatinerhündin namens «Beroline».

In den folgenden Jahren findet man ziemlich regelmäßig Eintragungen von meistens Importhunden aus dem nahen Ausland, aber auch aus England. Erstmals 1928 steht im Band XXVII ein 8er-Wurf; geworfen am 8. Februar 1927; gezogen aus Lord Scamperdale und Girl Guide of the Jays. Die Züchterin, Fräulein *Helen Nelly Frey* in Meggen, später in Rümlang, züchtete unter dem Namen «Meggenhorn» oft mehrere Würfe jährlich. Die Tatsache, daß sich die Dalmatiner immer schon elegant vorzustellen wußten, bestätigt das gezeigte Bild einer 4er-Gruppe aus dem Zwinger «v. Meggenhorn» aus dem Jahre 1929. Verglichen mit dem Äußeren der heutigen Dalmatiner, könnten diese Hunde in punkto Aussehen an Ausstellungen bestimmt problemlos Schritt halten. Nur dank der Tatsache, daß der Dalmatiner nie zum Modehund avancierte, blieb ihm sein Erscheinungsbild seit bald 70 Jahren erhalten.

Ab 1933 wurde der Dalmatiner in vielen Landesteilen der Schweiz gezüchtet; Wurfeintragungen finden wir unter den Namen: «Curry-spotted spots», *Ernestine Schläpfer*, Zürich; «Mostacker», *Hans Jenny,* Basel; «Weidegg», *E. Venzi,* Flawil; «Weinegg», *H. Dällenbach,* Schlieren; «Holbeinplatz», *L. Kleiber,* Basel; «Behmerberg», *J. Salm,* Birmensdorf; «Hêtre-rouge»,

W. Berthoud, La Chaux-de-Fonds. Im Juli 1948 fiel im Zwinger vom «Dalmatinerheim» des Züchters *Willy Meister* aus Wyssachen der 1. Dalmatinerwurf. Durch seine Importhunde aus englischen, holländischen und belgischen Linien, half er seinerzeit in der Schweiz die Dalmatinerzucht aufzubauen. Einige der importierten Zuchtrüden: Albert King of the Green Beret; Kurnoll Viking; Withalder Wacry; Coachbarn Clearmint; Lord of Green Garden.
Im Juni 1955 erfolgte die Gründung des Schweizerischen Dalmatiner-Clubs. Nun wurden zur Lenkung der Zucht erste Vorschriften ausgearbeitet. Die Würfe wurden fortan durch einen Rassekenner kontrolliert und erst nach dessen Gutheißen ins SHSB eingetragen.

Jährlich werden, seit über 10 Jahren ziemlich konstant, 100 bis 150 Welpen aus 18 bis 25 Würfen ins SHSB eingetragen.

Der Dalmatiner in Deutschland

Bereits um das Jahr 1600 findet man in Deutschland auf Gemälden Dalmatiner abgebildet. In Ludwig Beckmann's «Geschichte und Beschreibung der Rassen des Hundes», das 1895 erschien, wird erstmals ein Dalmatinerzüchter namens *Brandis von Braunschweig* erwähnt. Vermutlich dessen zwei Dalmatiner wurden an der Hundeausstellung in Hannover 1879 ausgestellt.

Löwe v. Braunschweiger-Okerstrand
WT. 7. März 1956
Züchter: Frau Edith Huch
Besitzer: Frau Stauffer, Zürich

Bereits 1891 soll in Frankfurt die beachtliche Zahl von 19 Dalmatiner zur Schau gestellt worden sein. In dieser Zeit waren zwei Züchter bekannt: *C. Willi Brandis* aus Braunschweig und *Hugo Damm* aus Berlin. Aus der Zucht von Damm wird ein Champion namens Nero erwähnt. Ein Rüde, der mit 14 Jahren starb und jagdlich sehr gut veranlagt gewesen sein soll.
Trotz der schwierigen Zeit anfangs dieses Jahrhunderts fanden sich im Jahre 1920 in Ettingen bei Karlsruhe, einige Dalmatinerfreunde zusammen und gründeten den Deutschen Dalmatiner Club. Ein bekannter Züchter der damaligen Zeit war *Ferdinand Kamps von Cuxhaven-Westerwich*. In seinem Zwinger «von der Nordseewacht» bildete er mit vielen Importhunden die Basis der damaligen Zucht.
Die Wirren des 2. Weltkrieges brachten die Dalmatinerzucht, wie überall in Europa, erneut in Not. Die wenigen verbliebenen Dalmatinerliebhaber rafften sich auf und reorganisierten den Dalmatiner-Club

Cicero und Perla (I. Preis, Hannover 1887)
Silver (1887)
(ein reich prämierter Hund englischer Züchtung)
Besitzer: E. Brandis (Deutschland)
Zeichnung aus: Beckmann, Hunderassen, Bd. II

von 1920 e.V. Es wurde eine erste Zucht- und Richterordnung geschaffen. Der Dalmatiner-Club war dem etablierten VDH (Verband für das Deutsche Zuchtwesen) angeschlossen und damit ergab sich die Verpflichtung, alle aufgezogenen Welpen in ein neu geschaffenes Zuchtbuch einzutragen.
Eine bekannte Züchterin der Nachkriegszeit war Frau *Edith Huch* mit der Zucht «vom Braunschweiger-Okerstrand». Bald folgte ihr die heute noch sehr erfolgreiche und bekannte Frau *Jrmgard Brosius-Huesmert* mit dem Zwinger «v. Waldhagen». Mit vielen Importhunden aus England ermöglichte sie den wichtigen Zuchtaufbau. Cobbin-End Choirboy, Berricot Chistopher Columbus, Duxfordham Jolly Gladiator finden sich wie Edelstein und Herold v. Waldhagen – um nur einige der erfolgreichen Rüden zu nennen, die in ihrem Besitz waren – noch heute in vielen europäischen Linien.
Der Dalmatiner ist in Deutschland sehr beliebt und gewinnt, wie überall, an Ansehen. Dem großen Einsatz einiger Züchter ist es zu verdanken, daß die Dalmatiner in Deutschland ein beachtlich hohes Niveau zeigen.
Viele Jahre war der Deutsche Dalmatiner Club von 1920 e.V. als einziger anerkannt. Nach über 20 Jahren Alleingang schloß sich 1980 der Verein «Allgemeiner Dalmatiner-Club e.V. Hamburg» dem DDC an. Nach dem Fall der Berliner Mauer konnte sich 1990 nun auch der Verein aus der DDR integrieren.
In jüngster Zeit entstanden zwei neue Dalmatiner Klubs, nämlich der Club für Dalmatiner-Freunde e.V. (CDF) und der Dalmatiner Verein Deutschland e.V. (DVD), die ebenfalls von der F.C.I. (Fédération Cynologique Internationale) anerkannt werden.

Der Dalmatiner in Österreich

Offenbar sind keine Unterlagen über die Geschichte oder über das frühere Vorkommen der Dalmatiner in Österreich vorhanden. Einzig Fundorte von sogenannten «Aschenhunden» in Österreich und Böhmen könnten auf ein sehr frühes Vorkommen hinweisen. Aschenhunde gehören zur Familie «Lauf- und Jagdhunde» (canis familiaris intermedius).

Im Kynologischen Jahrbuch von 1896 aus Wien, findet man eine Beschreibung über den Dalmatiner in Österreich-Ungarn. Offiziell wurde der erste Dalmatiner 1948 ins Zuchtbuch des Österreichischen Kynologenverbandes eingetragen; Boris v. Spreestrand (Da 30), ein aus Deutschland importierter Rüde. Er war etwas später der Vater des ersten eingetragenen Wurfes im Zwinger «v. Erlbach Zell». Den Grundstein für die heutige Dalmatinerzucht in Österreich legten die beiden Züchterinnen Frau *Annie Handel*, Zwinger «vom Krekelborn» und Frau *Lisl Windhofers,* Zwinger «von Hochgründeck». Dalmatiner aus dem Zwinger vom Krekelborn finden wir in vielen europäischen Linien; bekanntester international oft eingesetzter Rüde ist Danko v. Krekelborn.
1971 wurde der Österreichische Dalmatiner-Club (ÖDaC) gegründet. Fortan wurden, wie in den umliegenden Ländern, die Richtlinien für die Zucht stetig ausgebaut und damit wichtige Voraussetzungen für den heutigen anpassungsfähigen, gesunden Dalmatiner geschaffen. Heute ist der Dalmatiner im ganzen Land bekannt und hat viele Liebhaber gefunden. Trotzdem werden, gemessen an der Größe Österreichs, eher wenig Dalmatiner gezüchtet.

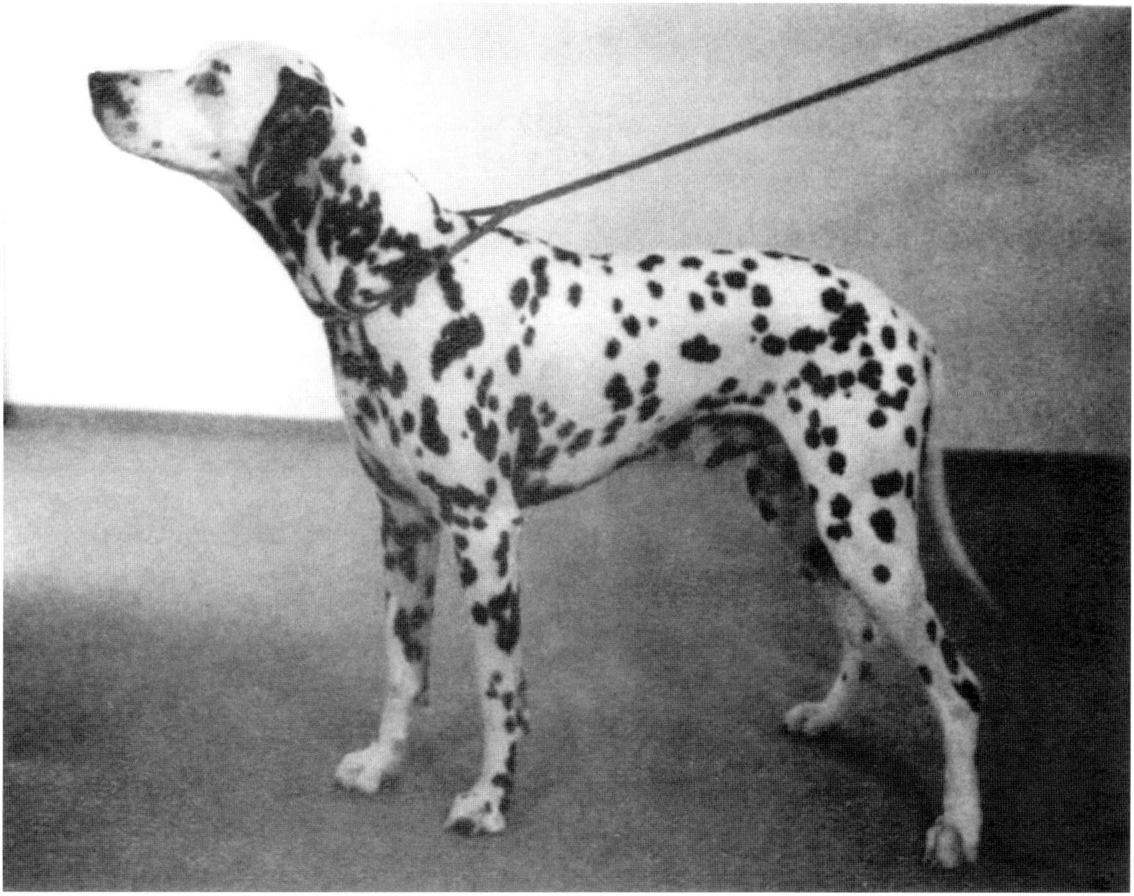

Danko v. Krekelborn, WT. 20. Oktober 1965
Züchter und Eig. Anni Handel (Österreich)

3. Charakter, Bedürfnisse und Verwendung

Sein Charakter

Die Hundefreunde früherer Jahre erkannten die Anpassungsfähigkeit des Dalmatiners, holten ihn aus den Pferdeställen und züchteten ihn zum angenehmen Familienbegleithund.
Der normal veranlagte Dalmatiner aus einer seriösen Zucht ist weder ängstlich, noch nervös oder sogar aggressiv. Er besitzt ein offenes und humorvolles Wesen und liebt seine Familie über alles. Er ist ein unkomplizierter Hund, der sich problemlos überaus schnell unseren Lebensgewohnheiten anpaßt. Am liebsten will er überallhin mitgenommen werden und viel miterleben. Genauso heftig wie er seine Zufriedenheit und Freude ausdrückt, zeigt er nämlich seine seelische Niedergeschlagenheit, wenn er allzu oft allein gelassen wird. Dieses Faktum tut kund, daß sich der Dalmatiner kaum für die Haltung im Zwinger eignet.
Das Äußere des Dalmatiners ist von Rassenspezialisten in einem Rassestandard genau umschrieben. Das Wesensgrundgefüge jedoch – dies haben mich meine Dalmatinerhündinnen gelehrt – ist bei jedem einzelnen Individuum so vielfältig, wie sein unterschiedliches Tupfenmuster. Es kann sich irgendwo zwischen zartbesaitet bis wagemutig und sehr selbstsicher bewegen: Je nach vorhandener Erbanlage, durchlebter Prägung und Gewöhnung. Auf unlustvolle Empfindungen und ungewohnte Vorkommnisse in seiner Umgebung reagiert der sensible Dalmatiner äußerst gefühlvoll: Er läßt bald «den Kopf hängen». Der Anlaß dazu sind meist Melancholie seines Halters; aber auch Streit oder schlechte Behandlung durch Kinder oder cholerische Besitzer.
Außer dem aparten Aussehen, gilt sein fröhliches «Dalmatinergrinsen» als überaus rassetypisch: Er zeigt seine Freude und Zufriedenheit mit gekrauster Nase, hochgezogenen Lefzen, glänzenden Augen

Dalmatinerlachen (Foto: I. Knöpfel)

und peitschender oder kreisender Rute. Dieses «Zähnezeigen» ist keine Drohgebärde – wie fälschlicherweise oft angenommen wird – sondern ein Zeichen lieber Zuneigung und großer Freude. Fremden gegenüber zeigt er sich freundlich interessiert, wenn auch anfänglich oft als leicht reservierter «Gentleman». Trotz seiner umgänglichen Art ist er im Haus und auf den Spaziergängen ein zuverlässiger und unerschrockener Wächter. Der Dalmatiner zeigt viel Mut und weiß sich tapfer zu verteidigen, wenn er herausgefordert wird. Seine Jagdpassion ist gering,

Hund in der Familie, Foto: Furer

und er kann bei konsequenter Erziehung auch in Waldesnähe problemlos gehalten werden. Obwohl er kein großes Interesse am Wild zeigt, verfolgt er – wie die meisten Hunde – freudig alles was sich bewegt. Auf den Geschmack gekommen, kann auch ein Dalmatiner zum «Wilderer» werden, denn die für seine Vorfahren wichtige Technik des Beutefangs beherrscht er auch heute noch.

Seine Bedürfnisse

Als Bracke oder Laufhund ist dem Dalmatiner die Lust am Laufen, sei es als Begleiter zu Fuß, neben dem Velo oder dem Pferd, eigen. Der tägliche Aus-

Foto: Kägi

Im Zelt… (Foto: Kägi) oder im Wasser – der Dalmatiner ist überall dabei (Foto: S. Naef)

Soll ich oder soll ich nicht? – letzter Stopp vor dem Sprung ins Wasser

lauf ist ihm deshalb ebenso ein Bedürfnis wie die Spielstunde mit anderen Artgenossen, wo er sich gehörig austoben kann. Durch seine beinahe unermüdliche Ausdauer ist er bereits nach kurzer Erholung wieder «fit» und unternehmungslustig. Dieses Verhalten ist sehr verständlich, wenn man weiß, daß er in früheren Zeiten als «Carriage Dog» über viele Kilometer unermüdlich mit den Pferden Schritt halten mußte. Wer sich einen Dalmatiner erwirbt, muß klar wissen, daß dies ganz und gar kein Hund für Stubenhocker ist. Wird der Hund nach seinen Bedürfnissen gehalten, verhält er sich im Haus trotz seines oft überschäumenden Temperamentes absolut ruhig und zufrieden.

Seine Verwendung

Der Dalmatiner ist sehr lernfreudig, deshalb ist er auch ein idealer Begleiter für den Hundesport. Als robuster Allrounder eignet er sich vorzugsweise besonders für die Ausbildung als Begleit- und Rettungshund. «Harte» Schutzarbeit ist allerdings nicht seine Sparte.

Helle Aufregung vor dem Start zur Sucharbeit (Foto: Jürg Hermann)

4. Wie entstehen die Farben der Tupfen ?

Schwarze oder braune Tupfen?

Die Dalmatinerwelpen werden völlig weiß geboren. Nach der Geburt können auf dem Nasenspiegel, den Lefzen, an Augenlidern und am Ohransatz vereinzelt winzig kleine Farbtupfen vorhanden sein, woran geübte Züchter die Farbe der zukünftigen Fleckung erkennen. Die Tüpfelung entwickelt sich recht langsam. Nach einigen Tagen lassen sich bei genauer Beobachtung einige schwach pigmentierte Stellen ausmachen, die sich etwa nach 8–14 Tagen zu färben beginnen und sich nun rasch zu braunen oder schwarzen Tupfen entwickeln.

Neugeborene Welpen

Weiß-schwarzer Welpe, 8 Wochen alt, schwarzes Augen- und Nasenpigment, dunkle Augenfarbe

Weiß-brauner Welpe, 8 Wochen alt, braunes Augen- und Nasenpigment, helle Augenfarbe

Gemäß dem gültigen Standard sind in der Dalmatinerzucht weiß-schwarze und weiß-braune (leberfarbene) Farbschläge zugelassen. Spricht man im Volksmund vom Dalmatiner, wird auch meist der weiß-schwarze Typ gemeint. Weiß-braune Exemplare wurden leider über eine lange Zeit an Ausstellungen selten gezeigt, weil mancher Schönheitsrichter die Schwarzen bevorzugte. Zudem war diesem Farbschlag bestimmt die bis vor einigen Jahren in der Schweiz gültige Vorschrift der Welpenzahlbeschränkung (es durften höchstens 8 Welpen aufgezogen werden) abträglich. Denn meistens wurden eher die weiß-schwarzen Welpen an Stelle der, wenn auch oft vitaleren, weiß-braunen «Überzähligen» aufgezogen. Erfreulicherweise hat sich dies nun in den letzten Jahren zugunsten der Braunen geändert und sie haben ebenso viele Liebhaber gefunden, wie die Schwarzen. Rein braune Würfe werden selten gezüchtet. Beide Farbschläge werden aber gerne miteinander oder untereinander gepaart. Eine Farbentrennung wäre nicht sinnvoll, weil dadurch die Zuchtbasis eingeschränkt würde und Braun zudem auch die Funktion der Fleckverkleinerung zugesprochen wird.

Die Vererbung der Farben folgen dem einfachen *Mendelschen* Lehrgang. Sie ist ein recht komplizierter Vorgang. Ein paar kurze Hinweise der Vererbungslehre sollen hier zum besseren Verständnis beitragen. (Kompetente Ausführungen über allgemeine Genetik geben die interessanten Standardwerke von *Wiesner/Willer, Willis, Schleger/Stuhr, Burns/Faser*).

Jeder Organismus besteht aus mikroskopisch kleinen Bausteinen, den Zellen. In den Zellen laufen alle lebenswichtigen Stoffwechselvorgänge ab. Jede Zelle hat entsprechend typische Bestandteile, die jeder für sich, spezifische Aufgaben im Stoffwechselgeschehen übernehmen. Ein Bauelement der Zelle ist der Zellkern. In ihm befinden sich die genetischen Informationen, die Erbanlagen (Gene). Die Gene sind auf den Chromosomen lokalisiert und als Merkmalsträger in konstanter Zahl stets paarig angelegt. Jedes Chromosom ist eine Individualität mit nur ihm zukommenden Merkmalen. Sie beeinflussen eine bestimmte Merkmalsausprägung. Die entsprechende Zustandsform des Gens – Allel genannt – führt schließlich, hier bei der Farbgebung, zur Ausprägung unterschiedlicher Haarfarbe.

Die Fellzeichnung setzt sich einerseits aus der

Welpe orange, 8 Wochen alt, braunes Augen- und Nasenpigment, helle Augenfarbe, Foto: S. Albrecht

Welpe mit Ohrenplatte, Foto: Schaltegger

Welpe lemon, 8 Wochen alt, schwarzes Augen- und Nasenpigment, links dunkle Augenfarbe, Foto: S. Albrecht

Junghund, rechts dunkle Augenfarbe, Foto: Bosshard

Tupfenfarbe bei entsprechender Paarung

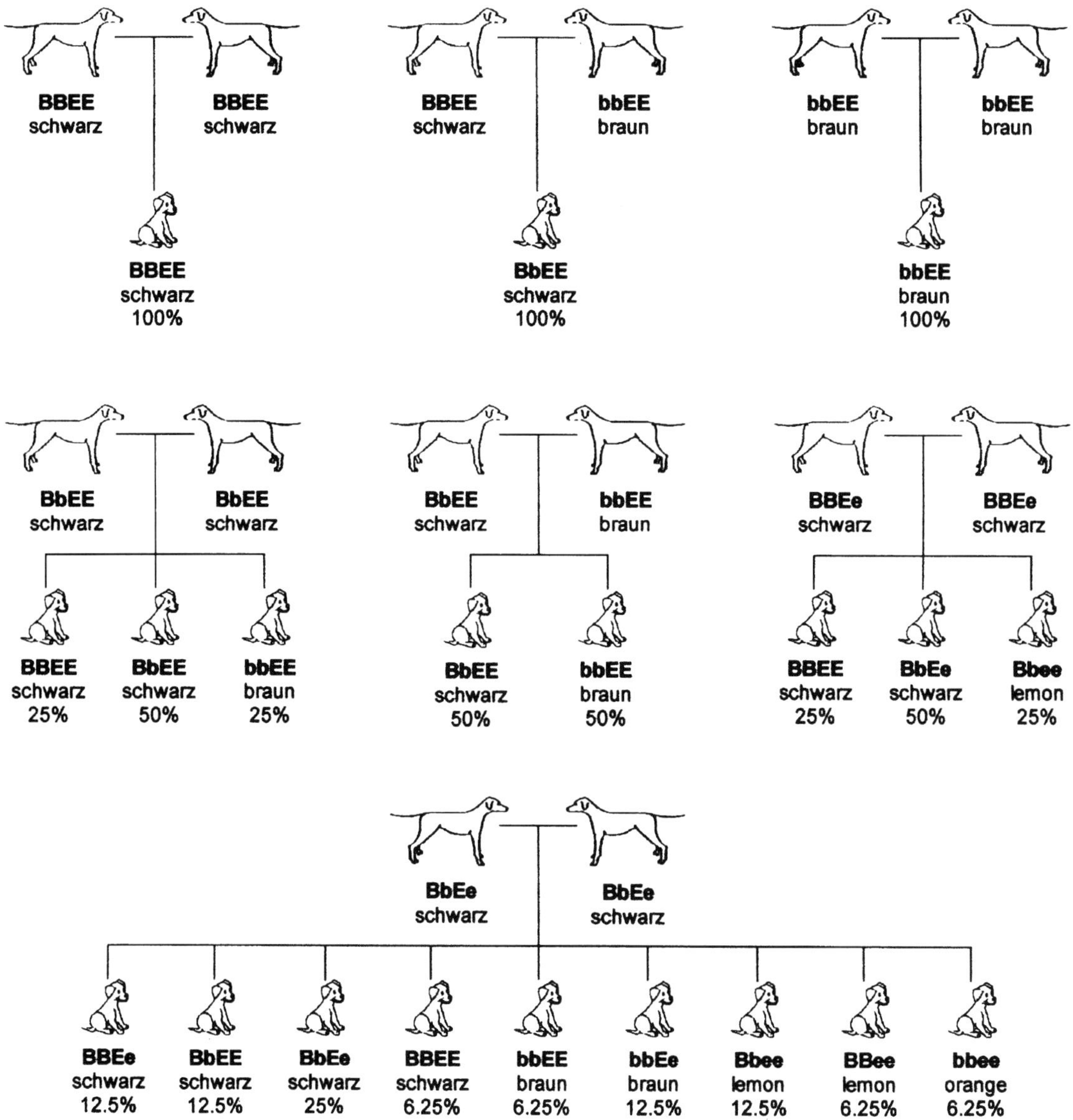

Grundfarbe Weiß und andererseits einer braunen oder schwarzen Färbung zusammen. Für das Weiß des Dalmatiners führt *C. Little* in «The Inheritance of Coat Collors in Dogs» vier entsprechende Allele. Dies läßt vermuten, daß beim Dalmatiner verschiedene Anlagen für die weiße Grundfarbe vorhanden sind. Der sichtbare Beweis erkennt man leicht beim erwachsenen Dalmatiner; die Fellfarbe kann nämlich reinweiß, weiß, aber auch gelblich und stumpf erscheinen. Schwarzgetupfte Dalmatiner können genetisch verschieden veranlagt sein. Entweder führen sie die Erbanlage der Farbe für reinerbig schwarz oder mischerbig schwarz. Der braungetupfte Dalmatiner ist immer reinerbig, wird aber von der schwarzen Farbe dominiert. Reinerbig schwarzgetupfte Elterntiere bekommen immer schwarzgetupfte Welpen und braungetupfte Elterntiere untereinander immer braungetupfte. Zwei mischerbig schwarzgetupfte Partner können reinerbig schwarze, mischerbig schwarze und/oder braune Nachkommen haben. Paart man einen reinerbig schwarzgetupften mit einem braungetupften Partner, fallen nur mischerbig schwarzgetupfte Welpen. Bei mischerbig schwarzgetupftem und braungetupften Partner, ist nur mischerbig schwarzer und/oder brauner Nachwuchs zu erwarten.

Nicht sehr bekannt ist der dritte Farbschlag beim Dalmatiner: Die lemon- (helles Gelb) und orangefarbige (kräftiges Gelb) Zeichnung. Die lemon- oder orangefarbiggetupften Welpen fallen nur an, wenn beide Partner die entsprechende Erbanlage für «Lemon» oder «Orange» besitzen. Dieser rezessive Erbfaktor bewirkt ein Verblassen der schwarzen Haarfarbe auf gelb. Nasen- und Augenpigmente sind schwarz oder braun ausgebildet. Sie folgen immer der ursprünglich angelegten Farbvariante, d.h. der Erbanlage für schwarz- oder braungetupft. Diese unerwünschte Anlage kann über viele Generationen unerkannt weitergegeben werden.

Vermutlich nur beim schwarzgetupften Dalmatiner kommt die unerwünschte «Dreifarbigkeit» vor. Schwarze und braune Tupfen erscheinen verteilt über den ganzen Körper, Kopf und Glieder. Die braunen Tupfen können auch nur auf der Innenseite der Beine erscheinen. Diese «Dreifärber» oder «Bunten» waren früher sehr verbreitet und als Originalität gesucht und auch sehr beliebt. Es ist deshalb nicht verwunderlich, daß in einigen Zuchtlinien diese unterdrückte (rezessive) Erbanlage für Dreifarbigkeit vorhanden blieb und gelegentlich wieder erscheint.

Es kommt vor, daß schwarze Tupfen oder auch nur deren Abgrenzungen bräunlich erscheinen. Das Tier führt wahrscheinlich die entsprechend verantwortliche genetische Anlage für «Bronzing». Auch eine intensive Sonneneinstrahlung, eine Überhitzung am warmen Ofen oder ein Bad im Meerwasser können die schwarzen Tupfen, oft nur die Haarspitzen, bräunlich verfärben. In diesem Fall wird die ursprüngliche Farbe spätestens beim Fellwechsel wieder hergestellt.

Braune Tupfen können eine recht unterschiedliche Farbintensität aufweisen: Das Braun kann stark aufgehellt, eher fade wirken, vor allem am Kopf und den Ohren. Im Gegensatz dazu, findet man das sehr intensive Braun, das teilweise, meist auf dem Rücken, fast schwarz erscheint. Einzig beim braunen Farbschlag kann auch die Jahreszeit zu einer minimalen Farbveränderung führen.

Als zuchtausschließende Fehler gelten die sogenannten «Platten» und/oder «Monokel», die als einzige kleinere oder auch größere Farbfläche bereits bei der Geburt der Welpen sichtbar sind. Sie kommen bei allen Farbvarianten vor. Für ihre Entstehung soll eine Erbanlage verantwortlich sein, die zu stärkerer Pigmentierung und/oder großflächigen Pigmentzonen führt. Platten können am ganzen Körper auftreten, erscheinen aber meistens am Kopf; die Ohren teilweise oder ganz bedeckend, als Farbfleck (Monokel) über oder rund ums Auge oder an der Rute. Seit vielen Generationen sind die mit Platten geborenen Dalmatiner zur Zucht gesperrt, trotzdem werden jedes Jahr regelmäßig Plattenhunde geboren. Gemäß der vorhandenen Farbanlage des Tieres erscheint immer die Augenfarbe. Es können Abtönungen – je nach Genotyp – von sehr dunklem Braun bis hin zu einem hellen Gelb vorkommen. Beim schwarzgefleckten Dalmatiner erscheint die Augenfarbe mittel- bis intensiv dunkelbraun und beim Braungefleckten mittelbraun bis bernsteinfarbig oder gelb. Wenn farbschwächende Gene vorhanden sind, können diese entsprechenden Erbanlagen blaue oder glasige Augen (Farbe der Iris) hervorbringen. Ein Dalmatiner mit Blau- oder Birkenauge besitzt eine normal entwickelte Sehstärke und ist nicht blind oder sonstwie körperlich benachteiligt, wie irrtümlicherweise oft angenommen wird. Obwohl ein Dalmatiner mit verschiedenfarbigen Augen originell aussieht, soll mit behafteten Tieren nicht gezüchtet werden.

Bandito von Haslenriet, Foto: S. Schmuki

Die Grundlagen zur Entstehung der Farben in der Vererbung

Bestimmend für die Fellfarbe beim Dalmatiner sind gemäß *C. Little* die Gene. *(Die Buchstabensymbole stehen ihrer Dominanz entsprechend von links nach rechts – dominante Allele sind groß, rezessive klein geschrieben):*

A^s	B	C	D	E	g	s^w	T
a^t	b			e			

Farbfaktoren der Tüpfelung:

BB oder Bb	=	kräftiges, volles Schwarz
bb	=	braun, reduziert die Melaninproduktion, so daß Brauntöne entstehen
EE oder Ee	=	einheitliche Ausbildung dunklen Pigments
ee	=	dunkles Pigment kann nicht gebildet werden, Verblassung auf gelb

Farbe – Konstellation – Vererbung *(gemäß «Dalmatian Colours» – A-M. Hammarlund)*

schwarz	=	BBEE	→	vererbt nur Schwarz
schwarz	=	BbEE	→	vererbt Schwarz und Braun
schwarz	=	BBEe	→	vererbt Schwarz und Lemon *(schwarzes Nasenpigment)*
schwarz	=	BbEe	→	vererbt Schwarz, Braun , Orange *(braunes Nasenpigment)* und Lemon *(schwarzes Nasenpigment)*
braun	=	bbEE	→	vererbt nur Braun
braun	=	bbEe	→	vererbt Braun und Orange *(braunes Nasenpigment)*
lemon	=	BBee	→	vererbt nur Lemon *(schwarzes Nasenpigment)*
lemon	=	Bbee	→	vererbt Lemon *(schwarzes Nasenpigment)* und Orange *(braunes Nasenpigment)*
orange	=	bbee	→	vererbt nur Orange *(braunes Nasenpigment)*

(Umfassende Angaben zur Farbserie im Handbuch der genetischen Grundlagen «Genetik der Hundezucht» von Malcolm B. Willis)

5. Erscheinung und Körperbau

Seine Erscheinung

Aus der Geschichte wissen wir, daß dank seiner geringen Verbreitung sein Äußeres über etliche Jahrzehnte weitgehend erhalten blieb. Nachdem gegen Ende des letzten Jahrhunderts zudem das törichte Abschneiden der Ohrlappen unterlassen wurde, blieben ihm weitere sogenannte «Modetorheiten» erspart.
Auffälliges Rassemerkmal des Dalmatiners ist in erster Linie seine äußere Erscheinung; die schwarzen oder braunen Tupfen auf rein weißem Fell, verbunden mit seinen edlen, harmonischen Linien. Sein Auftreten zeigt ausgewogene Eleganz und geballte Kraft, sein Bewegungsablauf ist ausdauernd, geschmeidig und leichtfüßig. Zur Harmonie der Gesamterscheinung gehört ein maskulin wirkender Rüde und eine feminin wirkende Hündin. Diese Forderungen werden immer nur erfüllt, wenn ein entsprechend angelegter Körperbau vorhanden ist, der sich bei entsprechender Lebensweise, durch artgerechte Beschäftigung, angepaßte Bewegung und eine gesunde Ernährung entwickelt.

Das Skelett

Das Skelett des Hundes besteht aus Schädel, Wirbelsäule und Gliedmaßen. Von der Schädelbasis bis zum Schwanz erstreckt sich die elastische Wirbelsäule, die beim Dalmatiner von angemessener Länge sein soll. Ein wichtiger Punkt ihrer Oberlinie ist der Widerrist, hier wird die Größe des Hundes – die Schulterhöhe – gemessen. Die Oberlinie führt weiter über den Rücken zur Lende und über die leicht abfallenden Kruppe zum Rutenansatz. Die Rute unterstreicht die Eleganz des Körpers, wird gerade getragen, eventuell mit leichter Aufwärtsbiegung.

Die Ober- und Unterlinie

Der erste der 7 Wirbel des Halses – sogenannter Atlaswirbel – ist Träger des Kopfes und ermöglicht die Auf- und Abbewegung, während der zweite Wirbel – die Axis – das Umdrehen des Kopfes ermöglicht. Die restlichen Wirbel verjüngen sich allmählich, werden kürzer und bestimmen nun die Form des Halses.
13 Brustwirbel bilden Widerrist und Rückenpartie. Die ersten Wirbel, welche den Widerrist bilden, haben besonders hohe Dornfortsätze. Diese werden allmählich kürzer und stehen beim 10. oder 11. Wirbel – Wechselwirbel – senkrecht. Es wird eine Rückendelle oder leichte Einsenkung sichtbar. An diesen Brustwirbeln sind seitlich 13 Rippenpaare befestigt und bilden mit dem Brustbein den beweglichen Brustkorb. Das Brustbein bildet die untere Brusttiefe. Sein Ende, der sogenannte «Habichtsknorpel» gestaltet die erwünschte Vorbrust. Der Brustkorb des Dalmatiners soll gut gewölbt und tief bis zu den Ellenbogen reichen, und genügend Platz aufweisen um Herz und Lunge zu tragen und zu schützen.
Anschließend an die Rückenpartie bilden 7 kräftige Lendenwirbel die Lendenpartie. Hier stehen anstelle der Rippen breite, kräftige Querfortsätze und bilden die Hebel für die Rücken- und Lendenmuskulatur. Die Lendenwirbelsäule soll kräftig bemuskelt und leicht gewölbt sein. Die an der kraftvollen Konstruktion befestigten Muskeln ermöglichen den nötigen Schutz der Baucheingeweide.
Der beim erwachsenen Hund fest verknöcherte Kreuzwirbel bildet das Kreuzbein. Die Partie über dem Kreuzbein bis hin zum Rutenansatz nennt sich Kruppe. Sie fällt beim Dalmatiner kaum wahrnehmbar ab und geht sanft in gleicher Linie in den Rutenansatz über. Wichtig ist eine angemessende Länge

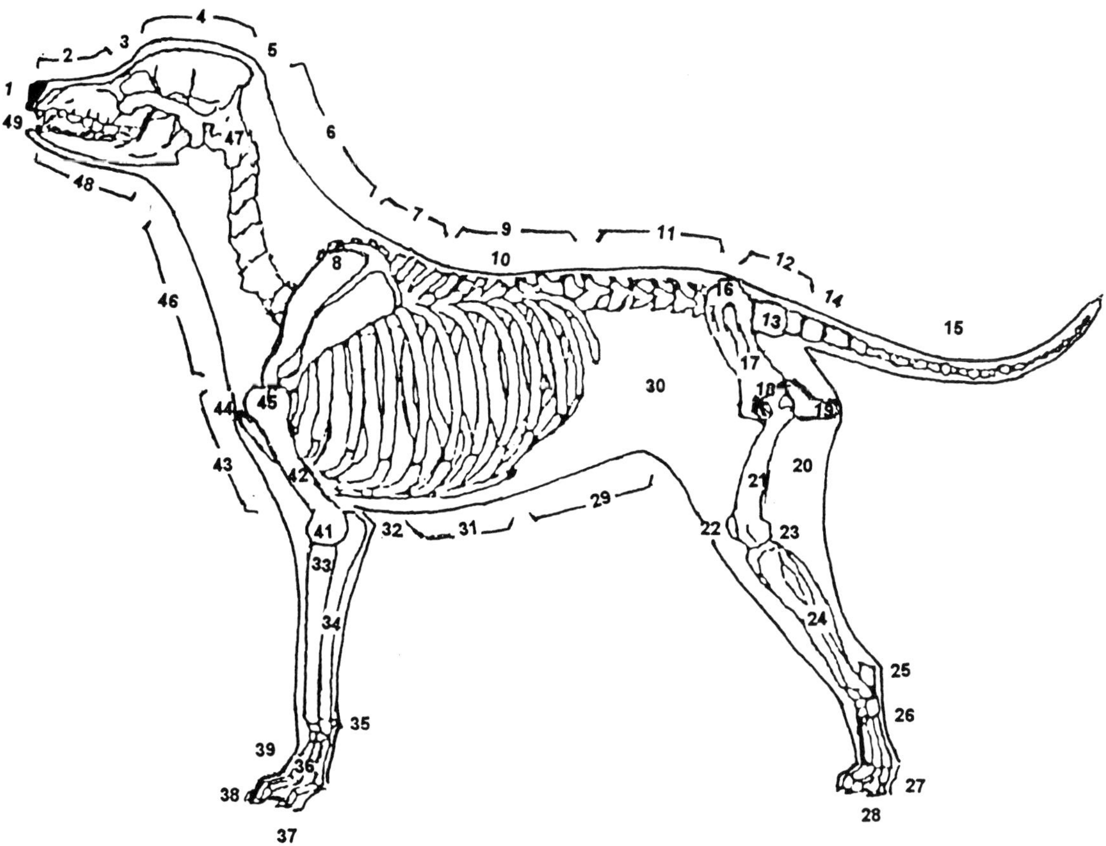

Die Körperteile und das Skelett

1. *Nasenspiegel*
2. *Nasenrücken*
3. *Stop*
4. *Oberkopf*
5. *Hinterhauptstachel*
6. *Nacken*
7. *Widerrist*
8. *Schulterblatt*
9. *Rücken*
10. *Rückendelle*
11. *Lende*
12. *Kruppe*
13. *Kreuzwirbel*
14. *Rutenansatz*
15. *Rute*
16. *Hüfthöcker*
17. *Becken*
18. *Hüftgelenk*
19. *Sitzbeinhöcker*
20. *Schenkelgegend*
21. *Oberschenkelknochen*
22. *Kniescheibe*
23. *Kniegelenk*
24. *Unterschenkel*
25. *Fersenbeinhöcker*
26. *Hintermittelfuß*
27. *Sohlenballen*
28. *Hinterpfote*
29. *Unterbauch*
30. *Flanke*
31. *Unterbrust*
32. *Ellenbogenhöcker*
33. *Speiche*
34. *Elle*
35. *Vorderfußwurzelgelenk*
36. *Vordermittelfußgelenk*
37. *Vorderpfote*
38. *Krallen*
39. *Vordermittelfuß*
40. *Unterarm*
41. *Ellenbogengelenk*
42. *Oberarmbein*
43. *Vorderbrust*
44. *Brustbein*
45. *Schultergelenk*
46. *Kehlrand*
47. *Atlaswirbel*
48. *Unterkiefer*
49. *Fang*

der Kruppe, d.h. sie muß über genügend Platz verfügen, um eine gut gewinkelte Hinterhand mit ausreichend kräftiger Bemuskelung aufzunehmen.
Verantwortlich für eine unterschiedliche Kruppenform ist die vorhandene Länge und Lage von Kreuzbein und Beckenknochen. Entsprechend dieser Form kann sie mehr horizontal verlaufen, schüssig steil oder leicht sanft abfallen. Die vorhandene Lage des Kreuzbeines bestimmt letztlich den vorhandenen Rutenansatz. Die Rute erscheint bei waagrechter Lage des Kreuzbeines «hoch angesetzt» oder wirkt «eingesteckt» bei einem sehr kurzen oder sehr tief liegenden Kreuzbein. Sie bildet den Abschluß der Wirbelsäule mit 20 – 23 Schwanzwirbeln.

Humble-bee Candy v. Haslenriet

Die Vordergliedmaßen

Ein korrekter Bau der Vorhand ermöglicht dem Dalmatiner eine schonende und wenig ermüdende Gangart. Die Gliederung der Vorhand besteht aus der Schulter, Oberarm, Unterarm und Fuß mit 5 Zehen und Krallen.
Das Schulterblatt soll länglich, leicht schräg sein und dem Brustkorb dicht anliegen. Beide Schulterblätter sind durch über- und untereinanderliegende Muskeln mit dem Brustkorb verbunden. Sie liegen über den ersten drei Wirbeln der Brustwirbelsäule. An seinem unteren Ende umfaßt das Schulterblatt den Kopf des Oberarmknochens und bildet das Schultergelenk. Schulterblatt und Oberarmknochen müssen in Normalstellung ziemlich genau in einem rechten Winkel zueinander stehen. Ist der Oberarmknochen zu kurz ausgebildet, ergibt sich die steile, für unsere Rasse unerwünschte «Terrierfront», auch fehlt die

beim Dalmatiner erwünschte «Vorbrust». Als Folge der zu kurzen Ausbildung des Oberarmknochens muß der Hund zwangläufig beim Vorwärtstreten die Beine ziemlich hochziehen um sie möglichst weit vorgreifend wieder ausstrecken zu können; daraus ergibt sich ein unrhythmischer, steppender Gang.
Der leicht nach hinten abfallende Oberarm läuft im Ellenbogen aus. Der Ellenbogen besteht aus dem Gelenk, welches das Oberarmbein (Humerus) mit dem Unterarm verbindet und schließt beweglich am Körper an. Ausgedrehte Ellenbogen sieht man oft bei Hunden mit zu stark gewölbtem (tonnenförmigem) Brustkorb. Infolge dessen ist das Schulterblatt schlecht angepaßt und die Muskelverbindung mit dem Brustkorb ist unzureichend. Der Hund läuft sehr unwirtschaftlich und ermüdet deshalb rasch.
Besitzt der Hund abstehende Ellenbogen und eine zu breite Brust, stellt man eine boden- oder zehenenge Stellung fest; die Pfoten werden einwärts gedreht. Die zu schmale Brust verursacht dagegen zu stark angedrückte Ellenbogen und dadurch verminderte Standfestigkeit. Der Körper ruht fälschlicherweise auf den Vorderfüßen, anstatt richtigerweise zwischen den Schultern zu hängen. Je breiter dabei gleichzeitig der Rücken des Tieres ist, umso wackliger ist sein Stand. Das Tier versucht nun die verminderte Standfestigkeit auszugleichen, indem es entweder den Unterarm, stets aber den Vordermittelfuß leicht ausdreht.

Stellungen der Vordergliedmaßen

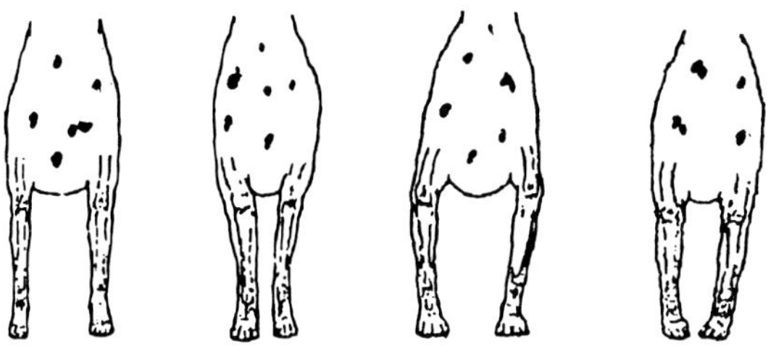

korrekt **eng** **O-beinig** **pfoteneng**

Ausgedrehte Ellenbogen ergeben sich bei bänderweichen, wenig kompakten Hunden. Grund dafür sind leider sehr oft eine allzugroße Anstrengung im Welpenalter – Überdehnung der Bänder – und Übergewicht.

Der Unterarm besteht aus Speiche (Radius) und Elle (Ulna), die parallel und senkrecht stehen sollen, um den erwünschten ausgreifenden Schritt zu ermöglichen. Der Vorderfuß besteht aus Vorderfußwurzelgelenk, Vordermittelfußknochen und Vorderzehenknochen (Fingerknochen): Knochenschäden (Rachitis, Durchtreten) sind hier erkennbar. Genau wie beim Menschen die Finger, bestehen die Zehen aus drei Gliedern und enden in den Krallen. Der Vordermittelfuß muß von vorne gesehen senkrecht unter dem Unterarm stehen. Seine wichtigste Aufgabe besteht darin, beim kräftigen Auftreten den Stoß federnd abzufangen. Um Gewicht tragen zu können, soll er ziemlich gerade und nicht zu lang sein. Erscheint der Vordermittelfußknochen zu lang, tritt der Hund bei Überbelastung leicht durch und ermüdet rasch; er hat eine sogenannte «weiche Fesselung».

Die Hintergliedmaßen

Im Prinzip ist die Hinterhand ähnlich gegliedert, wie die Vorderhand, nur in entgegengesetzter Weise. Die einzelnen Glieder sind im Verhältnis zur Vorderhand länger und stärker gewinkelt, damit sie in der Bewegung fähig sind, weit und kraftvoll unter den Körper zu greifen, um als Stemm- und Wurfhebelwerk zu dienen. Im Gegensatz zur Vorderhand, die verhältnismäßig beweglich am Körper anschließt, ist die Hinterhand aber weit stabiler mit dem Körper verbunden. Das Hüftgelenk ist kräftiger ausgebildet als das Schultergelenk und soll wie dieses zwischen Becken und Oberschenkel einen rechten Winkel bilden. Dieser Winkel ist notwendig für die reibungslose Weitergabe des Schubes an die Wirbelsäule.
Die Hintergliedmaßen sind einerseits durch den stark bemuskelten Beckengürtel mit der Wirbelsäule verbunden und das vorn zwischen den Hüftbeinen eingefügte Kreuzbein stellt andererseits die straffe Verbindung zwischen Wirbelsäule und Becken her. Der Beckengürtel wird gebildet aus den beiden Hüftbeinen, die wiederum aus Darmbein, Schambein und Sitzbein bestehen. Im Schambein eingelassen befindet sich die notwendige Gelenkpfanne für die Kugel des Oberschenkelknochens.
Der oberste, unter der Haut fühlbare Skeletteil der Hintergliedmaßen ist der Beckenknochen, und ent-

gegengesetzt etwas tiefer am Rumpfende der Sitzbeinhöcker.
Der stärkste Knochen des Skeletts ist der Oberschenkelknochen (Fermur). Unterstützt durch eine kompakte, gesunde Muskulatur steht ihm die Aufgabe für den gesamten Vorwärtsschub in der Bewegung zu. Der halbkugelförmige Gelenkkopf paßt in die Gelenkpfanne des Beckens. Erblich bedingt und vermutlich verstärkt durch Aufzuchtfehler, kann sowohl die Gelenkpfanne im Becken oder der entsprechende Oberschenkelkopf unzureichend geformt, mißgebildet und zu lose sein. Ist dies in ausgeprägtem Masse der Fall, bieten meist die Muskeln

Stellungen der Hintergliedmassen

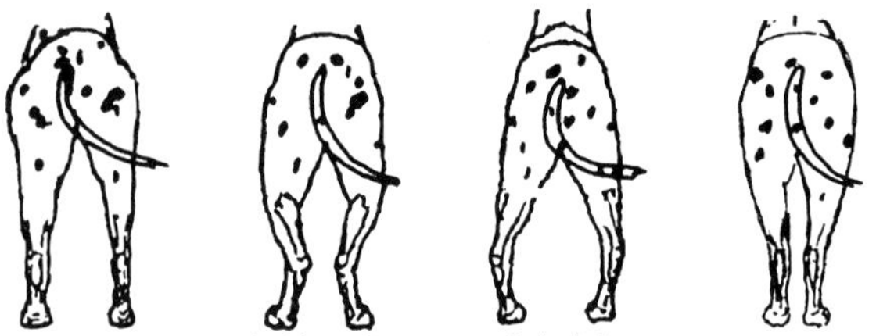

und Bänder nicht genügend Halt, so daß der Hund schnell ermüdet und sich oft nur unter Schmerzen bewegen kann. Schwere Hüftgelenksdysplasie kommt zum Glück beim Dalmatiner selten vor; die Weiterzucht mit befallenen Tieren und Erbträgern dieser Krankheit sollte unter allen Umständen vermieden werden.
Der Oberschenkel endet im Kniegelenk, das besonders kräftig ausgebildet und – entsprechend zu der Vorderhand – gewinkelt sein soll. Es hat die Funktion, unterstützt vom Sprunggelenk, die Stöße weiterzuleiten.
Der Unterschenkel ist zusammengesetzt aus Schienbein (Tibia) und Wadenbein (Fibula) und endet im Sprunggelenk, das im Vergleich zum Menschen der Ferse entspricht. Eine richtige Funktion des Sprunggelenkes ist immer von der richtigen Länge dieser Knochen abhängig. Zu lange Unterschenkelknochen ergeben eine übertriebene Winkelung; zu kurze dagegen eine zu steile Stellung des Sprunggelenkes. Das Sprunggelenk kann abgedreht sein; bei nach außen gedrehten Sprunggelenke ergibt sich die «faßbeinige» Stellung und eine zu enge Stellung der Sprunggelenken zeigt die unerwünschte «Kuhhessigkeit». Wichtigster Knochen des Sprunggelenkes, es besteht aus sieben kleinen Knochen, ist der Fersenbeinhöcker.
Der Hintermittelfuß steht senkrecht auf vier elastischen feingliedrigen Zehen und gut gepolsterten Sohlenballen. Die 5. innere Zehe – die Afterkralle – ist beim Dalmatiner gar nicht vorhanden.
Die für die Dalmatiner erwünschte kleine Katzenpfote hat kurze, runde, feste, gut aufgewölbte Zehenglieder. Richtig kompakt geschlossen ist die Pfote sehr leistungsfähig, ernsthafte Verletzungen und Wundlaufen sind sehr selten. Die Hasenpfote hat längere, feine Zehenknochen und –gelenke. Dadurch kann sie aber oft den Stoß nicht genügend rasch auffangen und ist zudem leichter Verletzungen ausgesetzt.
Beim korrekt gebauten Hund liegt der Schwerpunkt des Körpers in der Mitte und die beiden Vorderläufe stehen in Ruhestellung senkrecht zum Boden und parallel zueinander. Haltungsfehler sind nicht nur unschön, sondern sie stellen eine funktionelle Störung dar.

Pfotenstellung

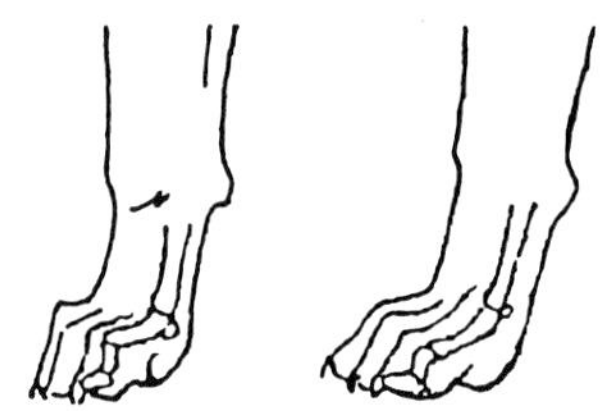

Fajum-Joyce v. Haslenriet mit Tochter Mogli v.d. Villa Justi, Foto T.E. Borckenstein

Kopf und Schädel

Der **Schädel** beinhaltet wohlverwahrt hinter dem Hirnschädelknochen das Gehirn, das mit dem in der Wirbelsäule liegenden Rückenmark den Hauptteil des Nervensystems bildet. Er soll flach und gut geformt sein. Die Schädelbreite wird durch die unter den Augen liegenden Jochbögen bestimmt. Die knöcherne Scheitelleiste endet im Hinterhauptstachel. Mit einem deutlichen Stop geht die Stirn in den Nasenrücken im Oberkiefer über und endet im Nasenspiegel.

Das **Auge** des Dalmatiners soll rund, klar und von mittlerer Größe sein. Außer dem oberen und unteren Augenlid ist ein drittes, die sogenannte Nickhaut, erkennbar. Da diese Nickhaut beim Dalmatiner rosa, also nicht pigmentiert ist und deshalb größer erscheint, denkt man oft fälschlicherweise an eine Entzündung. Der Hund allgemein ist nach Angaben von *Dr. E. Seifferle* weitsichtig und eher ein Bewegungsseher. Sein Formen- und Farbensehen ist nicht sehr ausgeprägt. Sein Umwelterlebnis wird aber in hohem Maße von Geruchseindrücken bestimmt. Der Hund «sieht» gewissermaßen durch seine Nase!

Elaridge Minuet, Foto: E. Stettler

Die **Hundenase** dient zum Atmen und zum Riechen. Der Geruchsinn gibt dem Hund jede gewünschte Information und ist etwa eine Million mal stärker ausgeprägt als der des Menschen.

Das **Hundeohr** ist ein enorm entwickeltes Sinnesorgan. Man nimmt an, daß der Hund etwa siebzehnmal besser hört als der Mensch. Er nimmt Frequenzbereiche wahr, die wir überhaupt nicht mehr zu hören vermögen.

Das **Scherengebiß** ist im kräftigen, muskulösen Kiefer eingebettet und regelmäßig angeordnet. Der Hund ist ein «Schlinger», sein Gebiß ist zum Reißen und nicht zum Kauen bestimmt.

Wie alle Säugetiere haben auch die Hunde zwei aufeinanderfolgende Zahngenerationen: das Milchgebiß und das Dauergebiß. Das Gebiß eines Welpen hat 28 Zähne und ist mit fünf bis sechs Wochen voll entwickelt. Die Zähne sind weicher, aber spitzer als die zweiten, von gelblicher Farbe und durch ziemlich weite Lücken voneinander getrennt. Nach und nach werden die Wurzeln der Milchzähne durch besondere Zellen abgebaut, nur die Krone bleibt zurück, sitzt deshalb ganz locker und wird vom nachstoßenden Zahn schließlich herausgestoßen. Mit Ausnahme der ersten Praemolaren, die mit vier Monaten sichtbar werden, fallen alle Zähne der ersten Generation aus.

Das Gebiß eines erwachsenen Hundes weist 42 regelmäßig angelegte Zähne auf, die mit dem Zahnbogen des anderen Kiefers übereinstimmen. Den Fangzähnen kommt die Aufgabe zu, die Beute festzuhaken. Die Backenzähne, die Praemolaren und Molaren, dienen zum Kauen und Mahlen, wenn sie Gelegenheit dazu erhalten. Der 4. Praemolar im Oberkiefer und der 1. Molar im Unterkiefer sind die Reißzähne. Die Schneidezähne übernehmen die Feinarbeit und dienen hauptsächlich dazu Fleischreste vom Knochen abzuschaben und sicher der Fellpflege.

Im Originalstandard des Dalmatiners wird keine Zahnzahl erwähnt. Auch wenn sich viele darüber streiten, wie wichtig heute überhaupt das vollständige Gebiß ist, weil der Hund nicht mehr gezwungen ist, seine Beute zu fangen und zu halten, sollten fehlende Zähne trotzdem als Zeichen eines Mangels und als ernst zu nehmender Fehler betrachtet werden und in der Hundezucht soll deshalb immer ein korrektes, vollzahniges Gebiß angestrebt werden.

Das Gebiss des Hundes

Scherengebiss korrekter Zahnschluss

Zangengebiss

Vorbiss

Rückbiss

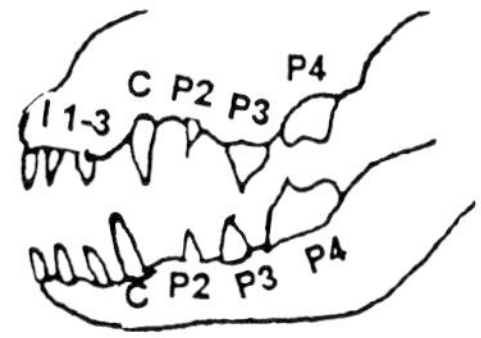

Milchgebiss eines etwa 6 Wochen alten Welpen

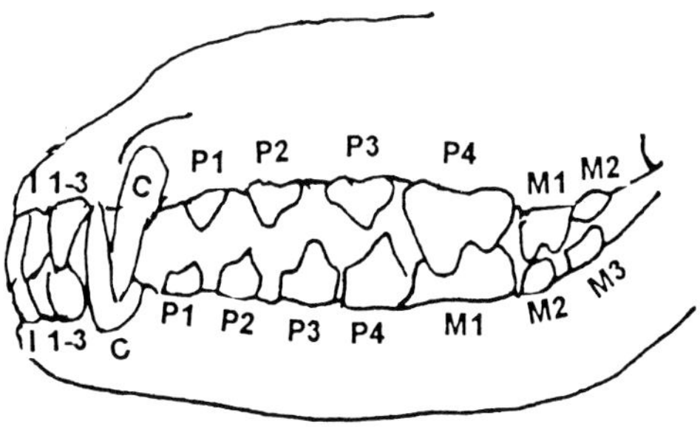

Seitenansicht vollständiges Gebiss eines erwachsenen Hundes

6. Verdauungsapparat und Ernährung

Der Verdauungsapparat

Der Hund nimmt seine Nahrung mit dem Fang auf und zerkleinert mit den starken Zähnen und der enormen Kraft seiner Kiefer große Fleischstücke in «mundgerechte Brocken».

Die Ernährung

In der freien Wildbahn ist die Ernährung wichtigste Voraussetzung für das Überleben und die Vitalität der Tiere. Naturbedingt sucht jede Tierart instinktiv die richtige Nahrung. Der Hund ist von Natur aus

Welpen am Futtertopf

«wie der Wolf» ein Allesfresser, der sowohl Beutetiere wie auch Obst, Beeren und Pflanzen verschlingt. Er frißt von seiner geschlagenen Beute nicht nur das Fleisch, die Sehnen und Bänder, sondern vor allem auch genüßlich den Magen- und Darminhalt, der größtenteils pflanzlicher Herkunft ist.

Seit der Hund als Haustier gehalten wird, wird sein Menuplan durch seinen Besitzer bestimmt. Der Mensch ist also wesentlich verantwortlich für das Wohlergehen seines Hundes; er beeinflußt mit seiner Futterwahl erheblich seinen Gesundheitszustand. Schwerwiegende Schäden, wie zum Beispiel schlechtes Wachstum, Knochenmißbildungen an den Gelenken usw. treten bei einem seinen Bedürfnissen entsprechend artgerecht mit Energie und Nährstoffen versorgten Tier kaum auf.

Der Hund benötigt eine Nahrung, worin mindestens folgende Aufbau- und Nährstoffe enthalten sind:

- verdauliche (lösliche) Kohlehydrate – Zucker und Stärke – sind reine Energielieferanten. Sie bilden den Blutzucker, der von allen Zellen des Körpers als Energie gebraucht wird (Stärke- und energiereiche Futtermittel sind Getreide, Teigwaren, Kartoffeln).
- unverdauliche (unlösliche) Kohlehydrate (Zellulose) fördern die Verdauung (Ballaststoffe sind enthalten in pflanzlicher Nahrung).
- Eiweiße (Proteine) werden im Darm in die Ami-

nosäuren zerlegt. Es gibt zwei Kategorien Aminosäuren: essentielle und nichtessentielle. Proteine sind notwendig zur Erneuerung und zum Aufbau der Zellen, Muskeln, Blutbestandteile, Haut und Fell. Aminosäuren werden im Körper nicht gespeichert, sondern müssen täglich zugeführt werden (Eiweißreiche Futtermittel sind Fleisch, Milchprodukte, Soja).

- Fette und Öle (flüssige Fette) sind aus Fettsäuren aufgebaut. Fettsäuren dienen zum Aufbau körpereigener Strukturen, wobei die Linolsäure als essentielle Fettsäure eine besondere Bedeutung hat (Lieferanten sind tierische und pflanzliche Fette und Öle).
- Mineralstoffe sowie die Spurenelemente (Kalzium, Phosphor, Natrium, Eisen, Kalium, Magnesium, Jod, Kupfer) bilden die Bausteine für Zähne sowie Skelett, regulieren das Nervensystem und erfüllen entscheidende Funktionen im Stoffwechselgeschehen (Mineralstoffe sind in allen Nahrungsmitteln enthalten).
- Vitamine erfüllen lebensnotwendige Funktionen im Stoffwechsel (enthalten in Gemüsen, Früchten).
- Frisches Wasser oder Tee muß dem Hund immer in einem sauberen Trinknapf zu Verfügung stehen.

Ein Überangebot an Energie liefernden Nährstoffen – Kohlehydrate oder Fette – wird im Körper immer in Energiereserven umgewandelt und als Körperfett gespeichert.

Die Futtermengen, die ein Hund benötigt, sind stark abhängig vom Alter, dem Allgemeinzustand und den Aktivitäten des Tieres. Durch eine regelmäßige Gewichtskontrolle des erwachsenen Hundes läßt sich der Bedarf optimal regulieren und sein Körpergewicht konstant halten. Bitte nicht vergessen: Ein schlanker Hund ist ein gesunder Hund.

Zum Zusammenstellen der täglichen Futterration bieten viele Futtermittelfirmen ausgewogene, gut verdauliche Flockenmischungen zum Mischen mit frischem Fleisch, Hüttenkäse, Quark, Joghurt oder das praktische Vollfutter, das bereits alles Lebensnotwendige enthält, an. Wenn der Hund die angebo-

tene Nahrung gerne frißt, sein Fell gesund glänzt, sein Verdauungsapparat normal funktioniert und er aufmerksam und bewegungsfreudig reagiert, ist die Nahrung richtig. Zusätzliche Vitaminpräparate sollten nicht grundlos verabreicht werden. Ein Überangebot bringt mehr Schaden als Nutzen und führt vor allem beim jungen Hund zu Fehlentwicklungen.
Es lohnt sich, den Welpen nach der Übernahme vom Züchter mit seinem gewohnten Futter zu versorgen. Beim Wechsel ins neue Heim darf die Fütterung nicht sofort verändert werden, weil die Nahrungsumstellung, insbesondere beim Welpen, öfters zu Durchfall führt. Eine Nahrungsumstellung muß immer schrittweise, über mehrere Tage erfolgen. Bereits durch die Belastung der Trennung von seiner Mutter, seinen Wurfgeschwistern und der gewohnten Umgebung hat der Welpe vorerst eine genug gestreßte Zeit vor sich; in der es bei sehr sensiblen Welpen gerne zu Freßunlust, Verdauungsstörungen und Durchfall kommen kann.
Dem stürmisch wachsenden Junghund werden bis zum Alter von 6 – 7 Monaten drei Mahlzeiten am Tag angeboten. Sein sehr dehnungsfähiger Magen gestattet ihm zwar eine relativ große Quantität auf einmal zu verschlingen.
Der erwachsene Hund erhält seine Mahlzeiten in zwei Teilen vorgesetzt. Sein Magen wird auf diese Art nicht überfüllt und der Gefahr einer gefürchteten Magendrehung wird vorgebeugt.
Der Hund bekommt seine Mahlzeit täglich zur gleichen Zeit und am gleichen Ort. Vorzugsweise am frühen Vormittag und am späteren Nachmittag, immer nach dem Spaziergang. Wenn der Hund von Anfang an daran gewöhnt wird, daß er alles Freßbare nur aus seinem Napf bekommt, wird das lästige Betteln und Naschen von Anfang an unterbunden. Leckerbissen erhält der Hund außerhalb der Mahlzeiten höchstens zur Belohnung. Zu seiner Beschäftigung gibt man ihm zwischendurch abwechselnd einen Kauknochen, getrockneten Ochsenziemer oder harten Hundezwieback. Diese «herrlichen» Dinge reinigen zudem die Zähne und kräftigen das Gebiß.

Alle Knochen von Wild und Geflügel (Röhrenknochen) müssen von der Speisekarte gestrichen werden. Die harten Knochensplitter können in der Speiseröhre steckenbleiben oder gefährliche Darmverletzungen verursachen.

7. Überlegungen vor dem Kauf des Hundes

Der Wunsch, einen Hund als Gefährten in der Familie zu haben, kann sehr glücklich machen, doch soll man vor der Anschaffung umfassend Bescheid wissen über die ausgesuchte Hunderasse und die damit verbundenen Pflichten. Nicht immer ist auch der Traumhund der richtige Partner. Fällt die Wahl auf einen Dalmatiner, muß man bedenken, daß er zu einer lauffreudigen Rasse gehört. Dies bedeutet, daß er bei jedem Wetter ausgeführt werden muß, ein Garten allein genügt nicht – auch wenn er noch so großflächig ist. Wenn Kinder zu versorgen sind oder außer Haus ein Beruf ausgeübt wird, ist dies ein Mehraufwand an Arbeit und kaum zu bewältigen, ohne daß der Hund darunter leidet. Man beachte, daß ein Welpe rund um die Uhr versorgt werden muß und deshalb anfänglich jemanden braucht, der vorab nur für ihn da ist.

Es muß geprüft werden

- ob die Wohnsituation für die Haltung eines Hundes geeignet und gemäß Mietvertrag erlaubt ist.
- ob in nächster Nähe, falls kein eigener Garten vorhanden ist, ein Versäuberungsplatz zur Verfügung steht. Dieser muß auch nachts problemlos erreichbar sein, denn es kommt öfters vor, daß der Hund zwischendurch auch nachts hinaus muß!
- ob genügend Zeit – mindestens drei Stunden täglich – zur Verfügung steht, um den Hund zu pflegen und artgerecht zu beschäftigen.
- ob genügend Körperkraft, Nervenstärke und Ausdauer zur Erziehung und Führung eines Dalmatiners vorhanden sind.
- ob notfalls ein geeigneter Ferienplatz zur Verfügung steht, denn nicht jeder Dalmatiner verkraftet problemlos den Aufenthalt in einem ihm unbekannten Tierheim.
- ob kein Familienmitglied beim Kontakt mit Tieren allergische Krankheiten zeigt.
- ob sich alle Familienmitglieder einen Hund wünschen und gewillt sind für ein ganzes Hundeleben lang – oft über 16 Jahre – ihre Verantwortung zu übernehmen oder mitzutragen.
- ob er nicht angeschafft werden soll, um Kinderwünsche zu erfüllen oder als Ersatz für fehlende Geschwister oder Elternliebe dienen soll. Ein Kind ist nicht in der Lage unbeaufsichtigt den ausgewachsenen Dalmatiner unterwegs zu führen.
- ob Harmonie und Ausgeglichenheit das Familienbild bestimmen. Dalmatiner reagieren empfindlich auf Mißstimmungen in ihrer Umgebung.
- ob man gewillt ist den Staubsauger vermehrt – notfalls täglich – in die Hand zu nehmen, weil ein Hund Haare verliert, Staub produziert und Schmutz heimträgt.
- ob die finanziellen Mittel die Haltung eines mittelgroßen Hundes erlauben. Zu berechnen ist der Kaufpreis des Hundes und die jährlich wiederkehrenden Kosten für Ernährung, Pflege, Erziehung, Tierarzt, Hundesteuer, Versicherung.
  Nicht zu vergessen sind die zusätzlichen Kosten bei Unfall oder Krankheit sowie Pensionsgelder, wenn der Hund während der Ferien weggegeben wird.

◄ *Der Dalmatiner braucht viel Bewegung, Foto: I. Knöpfel*

8. Der Hundekauf steht bevor

Woher bekommt man einen Dalmatinerwelpen?

Der sicherste Weg, um einen gesunden Welpen mit guten Charaktereigenschaften zu erhalten, führt über den Rasseklub des Landes. Dort bekommt man die erste Auskunft und erfährt die Adressen von anerkannten Züchtern, wo Welpen erwartet werden oder zu haben sind.

Ein anerkannter Züchter besitzt nur Zuchttiere, die alle vom Rasseklub des Landes aufgestellten Bedingungen der Zuchtordnung erfüllen, sein Zuchtname ist geschützt und er ist in der Schweiz der Schweizerischen Kynologischen Gesellschaft (SKG), in Deutschland dem Verband für das Deutsche Hundewesen (VDH) und in Österreich dem Österreichischen Kynologenverband (ÖKV) angeschlossen. Seine Welpen werden kontrolliert und ins Hundestammbuch des Landes eingetragen.

Wir melden uns beim ausgesuchten Züchter, erklären ihm unsere Wünsche und vereinbaren einen Termin, um ihn, seine Hunde und seine Umgebung kennenzulernen. Falls der Züchter grundsätzlich keine Besuche empfängt oder höchstens später zur Besichtigung des bereits zugeteilten Welpen, ist es wohl nicht die richtige Zuchtstätte, um einen genügend geprägten Welpen zu erhalten, selbst wenn die Elterntiere eine Anzahl an Ausstellungssiegen vorweisen. (Das Pflichtenheft des Züchters bei der Aufzucht der Welpen ist im Kapitel «Zucht» aufgeführt.)

Der aufrichtige Züchter wird unsere Fragen bereitwillig beantworten und uns zu sich einladen. Dabei wird er uns sein Zuchtprogramm vorstellen, die Zuchtdokumente zeigen, genau orientieren über die Eigenschaften des Dalmatiners und seine Bedürfnisse. Ohne Zögern erhalten wir Referenzadressen der Besitzer von früher gezüchteten und abgegebenen Welpen. Meistens sind die Zuchthunde anwesend und werden als Familienhunde gehalten, sonst läßt man sich die Zuchthunde sowie die ehemaligen Zuchthündinnen zeigen. Sind alle Hunde – jung und alt – freundlich interessiert und ihrem Alter entsprechend fit und gepflegt, gibt uns dieser Einblick sehr viel Aufschluß über die Fürsorglichkeit, die den Tieren zuteil wird. Sind bereits Welpen da, muß darauf geachtet werden, daß sie ordentlich untergebracht sind. Sie sollen einen gesunden und munteren Eindruck machen. Ihre Umgebung muß sichtbar machen, daß sie sinnvoll beschäftigt und gefördert werden. Es soll ein Umfeld vorhanden sein, das in etwa dem entspricht, was den Welpen im späteren Leben erwartet.

Beim Züchter, wo jährlich wenig Würfe aufzogen werden, ist man gut beraten. Er hat die nötige Zeit für die Welpen und ihre Bedürfnisse, ist aber auch jederzeit ein kompetenter Ansprechpartner für den Welpenkäufer. Bei ihm kann man sich den Hund aussuchen, den man haben möchte. Meistens muß man aber warten, bis ein Wurf da ist. Dies lohnt sich, denn oft ist eine Wartezeit zwischen Entscheidung und Kauf sogar psychologisch von Vorteil.

Es gibt Leute, welche es unerhört finden, wenn auch der Züchter viele Fragen stellt. Er ist besorgt ums Wohl seiner Tiere und möchte wissen, mit wem er es zu tun hat und wie und wo der Hund später leben wird. Als zukünftiger Hundehalter soll man diese Fragen des Züchters ehrlich beantworten. Im Gespräch kann sich herausstellen, daß auf eine Hundehaltung besser verzichtet werden sollte oder eine andere Rasse geeigneter ist. Diese ehrliche Meinung des Züchters muß akzeptiert werden, denn der verantwortungsvolle Züchter liebt seine Tiere und es ist ihm niemals gleichgültig, wem er einen Welpen anvertraut. Bestrebt durch gezielte Auswahl der Elterntiere gesunden und hoffnungsvollen Nach-

3 Generationen

wuchs zu bekommen, nimmt er oft lange Reisen und hohe Kosten in Kauf, um zum geeigneten Partner zu fahren. Er betreut, pflegt und umsorgt während mehreren Wochen die Hundefamilie und erlebt die intensive Entwicklung der Welpen, ihre zunehmende Selbständigkeit mit dem unausweichlichen Weggehen in die neue Familie.

Rüde oder Hündin?

Vor dem Kauf eines Welpen muß diese Frage in der Familie unbedingt diskutiert werden. Möchte man einen Hund, um später vielleicht selber Welpen aufzuziehen, ist die Sache klar. Sonst ist dies wirklich eine persönliche Entscheidung. Charakterlich sind sich beide Geschlechter ähnlich. Verschmust, anhänglich, aber auch sensibel sind der Rüde und die Hündin. Genau so neigen beide nicht zum Streunen, vorausgesetzt daß sie regelmäßig beschäftigt und gefordert werden.

Zu bedenken ist einzig, daß der Rüde größer und kräftiger ist als die zierlichere Hündin. Seine Kraft kann schnell jemanden überfordern. Ältere Leute, aber auch Personen mit feiner Statur, sei eher geraten sich eine Hündin anzuschaffen. Der Rüde – je

Welpen, Foto: S. Schmuki

selbstbewußter er ist – braucht unbedingt eine feste Hand und eine konsequente Erziehung und zwar von Anfang an, denn er wird immer wieder ausprobieren, wer in der Familie das «Sagen» hat. Demgegenüber sind Hündinnen weicher und ordnen sich schneller in der Familie ein. Begegnungen mit anderen Kollegen verlaufen im allgemeinen problemlos, weil der genügend geprägte Dalmatiner über ein intaktes Sozialverhalten verfügt, welches aber immer nur funktioniert, wenn er tadellos erzogen ist und oft Gelegenheit hat, sich mit anderen Kollegen im Spiel zu messen. Es bleibt noch die Liebeskrankheit zu erwähnen, unter der ein Rüde – je nach seinem Temperament – leidet, wenn in seiner Umgebung eine läufige Hündin wohnt. Der Drang seiner Auserwählten ein «Ständchen» zu singen, kann ganz schön nervenaufreibend sein. Beaufsichtigt man ihn nicht entschieden, wird ein verliebter Rüde viele Möglichkeiten zum Ausreißen finden.

Eine Hündin wird ein- bis zweimal jährlich läufig, erstmals etwa im Alter von 7 bis 12 Monaten. Das bedeutet, daß sie während ungefähr 21 Tagen Sekret und Blut verliert. Die Läufigkeit ist mit mehr Putzarbeit und besonderer Aufmerksamkeit verbunden. Ab der 2. Woche bis zum Ende der Hitze muß man sehr auf sie aufpassen, denn nun wird sie zum Streunen neigen und sich naturgemäß einen Partner suchen. Folglich wird die Schwangerschaft seinen natürlichen Lauf nehmen und nach neun Wochen wird die Hündin Welpen werfen. Die Hündin kann auch ohne vorhandene Trächtigkeit, zur Zeit der möglichen Geburt, scheinträchtig werden. Dies kann sehr lästig sein, weil sich die Hündin in dieser Zeit oft wesensmäßig verändert, launisch wird und unter dem Milch-

Djarda v. Haslenriet, Schweizersiegerin, Bes. H. Merz

Tasso von Weerstein, Foto: E. Bayer

fluß leidet. Es wird häufig behauptet, daß eine Hündin, die einmal Welpen hatte, danach nicht mehr scheinträchtig wird; dies stimmt leider nicht. Diese unliebsame Prozedur kann nur unterbunden werden, wenn man eine körperlich voll entwickelte Hündin – frühestens nach der 2. Läufigkeit – kastrieren läßt. Es gibt auch die Möglichkeit die Hitze zu unterdrücken, indem man halbjährlich – nach Angaben des Tierarztes – eine entsprechende hormonelle Injektion verabreicht.

Auswahl des Welpen

Nachdem wir mit verschiedenen Züchtern gesprochen und uns dabei gründlich informiert haben, die Zuchtstätten und die Elterntiere kennen, werden wir uns richtigerweise für den Züchter entscheiden, zu dem wir Vertrauen gefaßt haben, der uns kompetent beraten und alle unsere Fragen ohne Ausrede beantwortet hat.
Sind Welpen da, muß man sich oft gedulden, bis der Züchter den Besuch des Wurfes erlaubt. Man nimmt Rücksicht auf die Hundefamilie und besucht die Welpen erst, wenn sie 3 bis 4 Wochen alt sind. Nachher lohnt es sich, während der Auswahlphase die Welpen öfters zu besuchen. Man achtet darauf, daß kein Welpe widernatürlich ängstlich und scheu

Aussuchen des Welpen, Foto: Rüegg

Welpen in der Wurfkiste

ist. Ein gesunder, richtig aufgezogener Welpe ist neugierig. Er kommt sofort interessiert, freudig und schwanzwedelnd angelaufen, wenn man sich im freundlich nähert. Es ist aber durchaus möglich, daß die noch jungen Welpen just ihre Schlafstunde haben, wenn man zu Besuch ist und sie herumtollen sehen möchte. Es entsteht leicht der Eindruck, daß es den Welpen an Temperament mangelt, vor allem, wenn man jetzt den geeigneten Gefährten aus einem temperamentvollen Rudel aussuchen möchte. Mit der «Liebe auf den ersten Blick» ist es nämlich so eine Sache, vor allem wenn nur ein einziger Welpe aktiv ist und man glaubt, das sei nun der Auserkorene!

Der verläßliche Züchter ist sehr interessiert, uns bei der Auswahl unseres «Dalmis» zu beraten. Er kennt aus den gemeinsamen Gesprächen unsere Wünsche und die Anforderungen die wir an den Dalmatiner stellen, aber auch unsere Lebensverhältnisse. Wir haben den Züchter rechtzeitig orientiert, welchen Zweck der Hund in der Familie erfüllen soll. In welcher Umgebung er leben wird. Ob man einen Familienhund möchte, einen Arbeitshund oder Ausstellungen besuchen und später selber züchten möchte.

Wir dürfen dem Züchter vertrauen, denn er verbringt die meiste Zeit mit der Hundefamilie, kennt die individuellen Wesensanlagen, erkennt das zu erwartende spätere Tupfenmuster und ist deshalb am besten in der Lage, erschöpfend und beratend Auskunft zu geben.

9. Unterkunft und Pflege

Die Hundeecke

Für die Ausgeglichenheit und das Wohlbefinden des Dalmatiners ist es unerläßlich, daß ihm seine eigene kleine Welt – sei es eine Nische in der Küche, im Vor- oder Wohnzimmer – zur Verfügung steht. Es versteht sich, daß der ihm zugewiesene Platz vor Zugluft geschützt und angenehm warm sein muß. Ein Dalmatiner zieht sich gerne zum Schlafen zurück, liebt aber geschlossene Türen überhaupt nicht, denn er möchte jederzeit wissen, wo seine Familie ist.

Hutch fühlt sich wohl im Hundekorb, Foto: Furrer

Vanoc, Fan Fellow und Kater Gipsy friedlich beisammen, Foto: M. Reupke

In der Hundeecke steht ein Hundekorb oder Hundebett. Ein einladendes Kissen oder eine Matratze, überzogen oder belegt mit einem strapazierfähigen Tuch, macht die Schlafstätte behaglicher. Der Korb muß mindestens jede Woche gereinigt, desinfiziert, die Überzüge gewechselt und gewaschen werden. Vor allem am Schlafplatz des Hundes können sich Flöhe tummeln, die bei regelmäßigem Putzen mit dem Staubsauger – und wenn nötig, mit möglichst schadlosem Mittel bekämpft – entfernt werden.

Die Fellpflege

Auch wenn der Dalmatiner sehr «pflege-leicht» ist, benötigt er aus hygienischen Gründen eine regelmäßige Fellpflege. Man braucht einen Gummistriegel oder einen genoppten Gummihandschuh. Damit fährt man am Hals beginnend über den Rücken bis zur Rute und mit leichtem Druck über die Körperseiten und die Beine. Außer, daß die losen Haare entfernt werden, fördert diese Massage nebenbei eine Durchblutung der Haut und beschleunigt den Haarwechsel. Zum Abschluß wird der Kopf und das übrige Fell mit einer weichen Roßhaarbürste glatt gebürstet. Ein feuchtes Hirschleder entfernt Staub und die restlichen losen Haare leicht vom Fell. Der Dalmatiner verliert Haare wie alle Hunde, die nicht getrimmt oder geschnitten werden. Für «Sauber-keitsfanatiker» ein eher lästiges Problem, weil die kurzen Haare in den Teppichen stecken bleiben und ihre mehrheitlich weiße Farbe auf dunkeln Anzügen gut erkennbar sind. Aus diesem Grund lohnt es sich während des Haarwechsels,– sollen im Haus nicht überall lästige Dalmatinerhaare liegen – diese Striegelprozedur bis zu zweimal täglich, vorzugsweise im Garten oder auf dem Spaziergang, vorzunehmen.
Nach jedem Ausgang reinigt sich der Dalmatiner in kurzer Zeit von selbst. Sand und Schmutz fallen selber aus oder lassen sich sehr gut ausbürsten. Falls

unser Hund nach einem Regenspaziergang wie gemauert aussieht, wird der Schmutz mit Wasser ausgewaschen. Um einer Erkältung vorzubeugen wird er anschließend mit einem saugfähigen Tuch trockengerieben.

frisch gebadet, Foto: Kägi

Der Dalmatiner muß selten gebadet werden – weil er keine Unterwolle besitzt, ist sein Eigengeruch gering – außer wenn er sich in einem für ihn unwiderstehlich duftenden «Ding» gewälzt hat, das zudem noch ölig klebt. Hunde lieben es geradezu, sich ab und zu nach Hundemaniern zu parfümieren. Wenn dies geschehen ist, muß unser «Stinktier» eben ins Bad oder unter die Dusche. Am besten nimmt man dazu ein spezielles, hautpflegendes Shampoo für Hunde, welches eventuell gleichzeitig Parasiten bekämpft und vor Ungeziefer schützende Wirkstoffe enthält. Unter der Dusche wird das Fell mit warmem Wasser gut durchnäßt und nach Zugabe des Waschmittels kräftig durchmassiert. Um Hautreizungen vorzubeugen, werden anschließend alle Seifenrückstände sehr gründlich unter fließendem Wasser ausgespült. Es ist unbedingt darauf zu achten, daß während der ganzen Prozedur keine Flüssigkeit in Augen, Ohren, Mund oder Nase des Hundes fließt.

Die wöchentliche Pflege

Die **Augen** verlangen eine sorgfältige Kontrolle. Sogenannter „Augenziger“ wird, falls nötig, mit einem weichen Tüchlein oder Watte entfernt.

Hängeohren, wie sie der Dalmatiner besitzt, begünstigen die Ansammlung von Schmutz in den Gehörgängen. Dieser und auch vorhandenes Ohrenschmalz ist mit Watte oder einem Tüchlein vorsichtig zu entfernen. Zur schonenden Reinigung hält der Tierarzt eine Ohrensalbe bereit. Gemäß Anweisungen des Veterinärs wird in jedes Ohr wenig dieser handwarmen Flüssigkeit eingeführt und sofort die Ohrmuscheln vorsichtig massiert. Falls in den Gehörgängen Ohrenschmalz vorhanden ist, wird es aufgelöst, vom Hund herausgeschüttelt und kann problemlos weggewischt werden. Wenn sich der Hund häufig kratzt, heftig den Kopf schüttelt oder schief hält, ist vermutlich bereits eine schmerzhafte Entzündung da, die eine Behandlung durch den Tierarzt erfordert.

Die **Zähne** sollen regelmäßig begutachtet werden. Sich bildender Zahnstein führt bald zu Zahndefekten und schlechtem Atem. Der Belag muß durch den Tierarzt entfernt werden. Im Zoofachhandel und beim Tierarzt sind Zahnbürsten erhältlich, die bei regelmäßiger Benützung mit Hundezahnpasta oder wenig Schlämmkreide helfen, die Bildung von Zahnsteinbelag zu verhindern oder etwas zu verzögern.

Die **Pfoten** benötigen ein regelmäßiges Augenmerk. Zwischen den Zehen können sich Steinchen und Gras verklemmen, die ihrerseits durch auftretende Reibung Verletzungen verursachen: Diese wiederum veranlassen den Hund, stundenlang den Fuß zu bearbeiten. Die Ursache muß bald gefunden werden, sonst bildet sich sehr bald ein lästiges Schleckekzem.

Die **Krallen** werden üblicherweise auf dem täglichen Spaziergang auf natürliche Weise abgenützt, sonst müssen sie mit einer speziellen Nagelschere geschnitten werden. Vorsicht: Nie zu tief schneiden, denn dies könnte für das Tier sehr schmerzhaft sein. Bei den hellen Krallen kann man die schmerzhaften Weichteile gut erkennen, schwieriger ist es bei den dunkel gefärbten. Da sich der Ansatz nur schwer feststellen läßt, schneidet man weniger tief zurück oder benützt eine Nagelfeile.

Schutzimpfungen

Die Schutzimpfungen sind wichtig und können dem Tier viel Leid ersparen. Ein ausreichender Schutz gegen die gefährlichsten ansteckenden Krankheiten kann nur durch rechtzeitige Auffrischung der entsprechenden Impfungen gewährleistet werden. Über die ersten Wochen seines Lebens besitzt der Dalmatinerwelpe genügend Schutz gegen viele Krankheiten, wenn er bald nach der Geburt die wichtigen Antikörper über die Muttermilch – der Kolostralmilch – erhält. Die erste Grundimmunisierung gegen Staupe, ansteckende Leberentzündung, Leptospirose, Zwingerhusten und Parvovirose bekommt der Dalmatinerwelpe bereits im Zwinger im Alter von 8 Wochen. Es ist unbedingt zu beachten, daß zum Zeitpunkt der Welpenübernahme (ca. 10 Wochen) der Welpe vor ansteckenden Krankheiten nur beschränkt geschützt ist. Ein diesbezüglicher verläßlicher Impfschutz besteht erst 14 Tage nach der vorgenommenen zweiten Wiederholungsimmunisierung. Aus diesem Grunde sollten für Spaziergänge vorerst Wege und Plätze gewählt werden, an denen der Welpe weder mit kranken Hunden noch deren Exkrementen in Berührung kommen kann. Hundewiesen mit Hundeansammlungen, Versäuberungsplätze, auch Hunde-Übungsplätze bergen allzuviele Ansteckungsgefahren und sind anfänglich besser zu meiden.
Die amtlich vorgeschriebene Vorbeugeimpfung gegen Tollwut kann nach der 16. Lebenswoche gespritzt werden. Bei der Übernahme des Welpen wird ein internationaler Hunde-Impfpass abgegeben mit Impfplan und allen Anleitungen. Wichtig ist die genaue Einhaltung der jährlichen Wiederholungs-impfungen nach Angaben des Tierarztes.

Flöhe, Läuse und Würmer

Beim Hund ist stets auf Parasitenbefall zu achten. Flöhe, Läuse, Zecken – diese Schmarotzer lauern überall. Flöhe ernähren sich nur wenige Minuten pro Tag, deshalb trifft man sie selten auf dem Hund. Sie verbringen den Großteil der Zeit versteckt in Teppichen, Ritzen auf dem Fußboden oder im Hundebett. Immer dort, wo ihr «Wirt» erreichbar ist. Wenn man sie nicht rigoros bekämpft, legen sie in Kürze Hunderte von Eiern ab, die nach Tagen oder Wochen schlüpfen und so die Heimtiere ständig mit Flohnachschub versorgen. Die häufigsten Hinweise auf Flohbefall sind vermehrtes Beißen und Kratzen am Rumpf und in der Leistengegend. Der Hundefloh und der Haarling (Läusegattung) sind zudem Zwischenwirte für den gewöhnlichen Hundebandwurm. Um einem Bandwurmbefall vorzubeugen, dürfen vom Hund keine ausgewachsenen Flöhe oder Haarlinge aufgeleckt oder hinuntergeschluckt werden. Jedes Hundebaby bringt bereits Spulwürmer mit auf die Welt. Es wird bereits im Mutterleib damit infiziert. Beim Welpen können sich die Spulwürmer auf verschiedene Weise entwickeln und im Lungen-Bereich Husten oder im Magen-Darm-Bereich Erbrechen und Durchfall verursachen. Durch intensiven Kontakt mit dem Tier besteht immer die Gefahr, daß der Mensch unbemerkt Wurmeier aufnimmt und es zu einem Befall kommt. Deshalb ist eine regelmäßige Kotuntersuchung der Haustiere enorm wichtig.

10. Vom Welpen zum erwachsenen Hund

Die Übernahme des Welpen

Unser Welpe ist nun zirka zehn Wochen alt, genügend lange von der Mutter entwöhnt und durch gemachte Erfahrungen bereits recht selbstsicher. Sein Charakter ist in dieser Phase noch ziemlich formbar. Er befindet sich mitten in der wichtigen Sozialisierungszeit, wo er unglaublich aufnahmefähig ist. Im Spiel mit seinen Geschwistern hat er zur Genüge gelernt, wie man sich beim Herumbalgen und bei oft rauhen Auseinandersetzungen ohne Schaden zu nehmen verhält. Der bekannte Kynologe *Urs Ochsenbein* weist treffend darauf hin: «Alles was er jetzt erfährt, bleibt ihm vertraut, kann ihn aber auch zeitlebens ängstigen und belasten». Aus diesem Grund ist es enorm wichtig, daß wir jetzt über die zukünftige Haltung und Erziehung bereits ausreichend Bescheid wissen und keine groben Fehler machen. Kommt zum erstenmal ein Hund in die Familie, ist es unerläßlich, diesbezügliche Literatur intensiv zu studieren.

Abholen beim Züchter

Bereits einige Zeit bevor man den Welpen beim Züchter abholt ist es nötig, alle Vorbereitungen zu seiner Übernahme zu treffen. Das Körbchen oder die Kiste steht bereit, die Futternäpfe und die benötigte Nahrung sowie geeignete Spielsachen sind vorbereitet. Wir benötigen ein weiches Leder- oder Stoffhalsband (38 – 40 cm Länge für einen 10wöchigen Welpen) sowie eine (leichte) mit Karabinerhaken versehene Welpenleine. Ins Auto legt man eine Decke und nimmt vorsorglich einige saugfähige Tücher – Frottiertücher, alte Windeln – mit, falls es dem Welpen auf seiner ersten Fahrt in unserem, für

Abholen beim Züchter

ihn noch fremden Auto, übel wird. Nach Möglichkeit versucht man dies zu verhindern, indem man den Welpen möglichst am frühen Vormittag, noch nüchtern, beim Züchter abholt. So bleibt dem Hundekind tagsüber noch etwas Zeit sich an die neue Umgebung zu gewöhnen.
Damit die Reise ins neue Heim für den Welpen ein angenehmes Erlebnis wird, braucht es eine Person, die im Auto auf dem Rücksitz Platz nimmt und ihn während der Heimfahrt streichelt und beruhigt. Die erste große Aufregung ist für den Welpen weniger arg, wenn der Züchter ein vertrautes Tuch oder einen Gegenstand, der nach seiner Kinderstube und den Geschwistern riecht, mit auf den Weg gibt.
Die Fahrt wird nur so lange fortgesetzt, als der Welpe ruhig und entspannt bleibt. Sobald er ungeduldig wird, zu gähnen beginnt oder sogar speichelt, kann dies ein Anzeichen beginnender Reisekrankheit sein und die Reise wird vorsichtshalber sofort unterbrochen. Man versucht ihn auf einem kurzen Spaziergang abzulenken und fordert ihn dabei zum Spielen auf. Auf diese Weise kann man oft einem zukünftigen ablehnenden Verhalten beim Autofahren vorbeugen. Bei längerer Autofahrt ist es ohnehin besser, wenn der Züchter eine vom Veterinär verschriebene Reisetablette bereit hält, um sie dem Welpen präventiv vor der Fahrt einzugeben. Selbstverständlich fährt man in kurvenreicher Gegend sorgfältig und angepaßt, wenn ein Hund im Auto ist.
Soll der Welpe später allein im Auto mitgeführt werden, empfiehlt sich die Anschaffung einer Gitterbox oder Transportkiste. Darin fühlt sich der Hund erfahrungsgemäß geborgen. Weil er sich ruhig verhält, tritt nämlich das lästige Erbrechen überhaupt nicht auf oder wird gestoppt.

Pharo, 14 Wochen alt, Foto: Rothenmayer

In der neuen Familie

Heute ist der große Tag für den Welpen und seine neue Familie. Noch bevor wir nach unserer Ankunft daheim das Haus betreten, beginnen wir bereits mit der wichtigsten Gewöhnung. Wir führen den Welpen ohne Hast an eine ungestörten Stelle im Garten oder in der nahen Umgebung und zeigen ihm das «Plätzchen», wo er auch in Zukunft seine Geschäfte erledigen soll. Klappt es bereits das erstemal, wird er ausgiebig gelobt. Nun nimmt man ihn liebevoll in den Arm und trägt ihn ins Haus und setzt ihn auf den vorgesehenen Platz. Es soll ein ruhiger Ort sein, wo er sich ungestört zurückziehen kann, aber das Geschehen im Zimmer oder in der Wohnung gut überblicken kann. Nun legen wir das bereits während der Reise hilfreiche Tuch auf sein Lager. Der vertraute Geruch seiner Geschwister wird ihm vorerst etwas Geborgenheit vermitteln. Als nächste Handlung geben wir ihm an seinem Fütterungsplatz eine erste Portion seiner üblichen Nahrung, wo bereits Wasser oder Tee bereit steht.
Um dem Welpen am ersten Tag den Trennungsschmerz zu erleichtern, lassen wir ihn möglichst in Ruhe. Wir lassen ihn gewähren und sein neues Zuhause ausschnüffeln. Wenn er winselt, sprechen

wir ihm gut zu, doch besser nicht unter Zuhilfenahme der ganzen Familie, inklusive der Kinder. Erst soll er sich an sein neues Frauchen oder Herrchen gewöhnen, die anderen Familienmitglieder würden vorerst nur stören.

Die Stubenreinheit

Die Ursache von ersten Mißstimmungen im Haus ist meist die noch fehlende Stubenreinheit. Der Magen des Welpen ist noch klein und der Nahrungsbedarf relativ groß. Damit das «Hundebaby» die notwendige Menge Nahrung aufnimmt, muß es anfänglich täglich mehrmals gefüttert werden und dies fördert verständlicherweise seine Ausscheidungen. Unsere wichtigste Sache ist also vorerst, den kleinen Kerl kurz nach der Mahlzeit oder sofort nach einer Ruhezeit ins Freie zu führen, ebenso, wenn er plötzlich intensiv am Boden schnuppert. In der kalten Jahreszeit ist es unbedingt nötig, an eine warme Kleidung zu denken, damit wir nicht allzu «kalte Füße» bekommen. Anfänglich wird ein kurzer Ausgang in der Regel alle 1 bis 2 Stunden nötig sein. Damit er nicht schon unterwegs «muß», trägt man den Welpen in den ersten Tagen immer hinaus. An seinem «Örtchen» läßt man ihm reichlich Zeit zum Herumschnüffeln und wiederholt einschmeichelnd immer die gleichen Worte. Ist das «Geschäft» erledigt, lobt man ihn überschwenglich, streichelt ihn und belohnt ihn mit einem Hundebiskuit. Nach einigen Tagen wird der Welpe bereits wissen, was wir von ihm wollen und sich melden. Geschieht im Hause doch ein Unglück, weil man nicht genügend aufgepaßt hat, ruft man energisch «Nein» und sehr wichtig ist, daß man ihn sofort zu seinem «Plätzchen» hinausträgt, wo «es» eigentlich hätte geschehen sollen. Auf keinen Fall darf man – wie leider früher oft praktiziert – seine Nase in die «Hinterlassenschaft» drücken. Das ist nicht nur Tierquälerei, sondern es wird absolut nichts nützen und verängstigt unnötig den Welpen. Die «Unglücksstelle» muß sauber geputzt und desinfiziert werden; es darf keine Duftmarke zurückbleiben, sonst wird der Welpe dieses «Brunniplätzchen» später erneut ausfindig machen und benützen.

Hinaustragen des Welpen Eletta, 4 Wochen alt

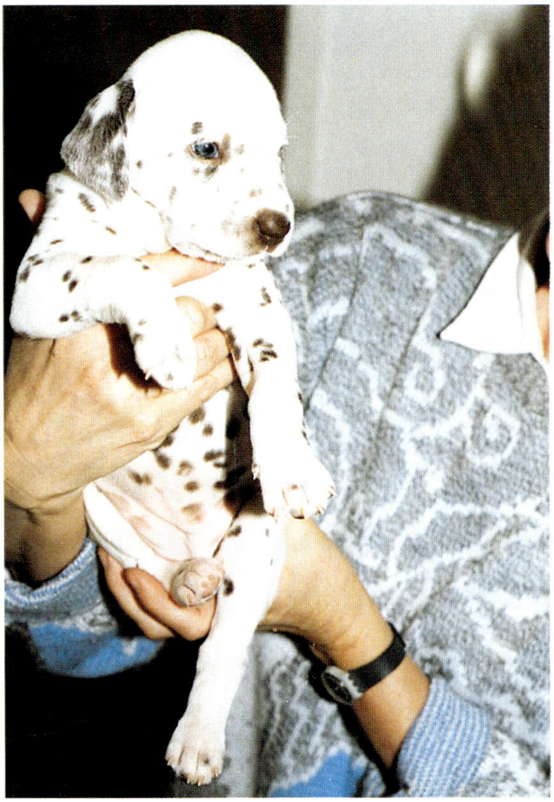

Die erste Nacht

Die erste Nacht wird unser Welpe erfahrungsgemäß nicht sehr ruhig verbringen. Er wird bestimmt nachts heimwehkrank, wenn er allein bleiben soll. Er versteht nicht, warum jetzt die neuen «Rudelgenossen» plötzlich verschwunden sind. Alleingelassen in der neuen Umgebung ohne Geschwister, die ihm bis dahin in der Nacht wohlige Wärme und Geborgenheit vermittelten, wird das unglückliche Hundekind bald zu heulen und jaulen beginnen. In diesem Fall bringt man den Welpen erst zum Wasserlassen hinaus und kann nachher kurz versuchen, ob er sich beruhigt. Sonst nimmt man besser sein Körbchen ins Schlafzimmer neben das eigene Bett oder benützt selber eine Liegestelle im selben Raum. Dies hat ohnehin den Vorteil, daß man den Welpen ständig unter Kontrolle hat und falls er unruhig wird, ihn schnell zum «Löseplätzchen» hinaustragen kann. Nachher verlangt man von ihm, im Körbchen zu bleiben und beruhigt ihn dazu mit der Hand. Wenn sich der Welpe nach einigen Tagen etwas eingelebt hat, schieben wir den Korb täglich etwas weiter von unserem Bett weg. Akzeptiert er dies, dann setzen wir sein Körbchen einige Tage später an den vorgesehenen Schlafplatz außerhalb unseres Schlafzimmers. Wir achten nicht darauf, wenn er anfänglich vor unserem Bett auf dem Boden schlafen will, sondern lassen ihn gewähren. Er möchte eben in unserer Nähe bleiben. Wenn wir ihm nicht gestatten in unser Bett zu kriechen, wird er sich recht bald in sein Körbchen zurückziehen, weil sein Bett viel weicher und angenehmer ist als der harte Boden. Fortan wird er die Nacht ruhig dort verbringen. Konsequenz ist bestimmt richtig, aber nicht an dieser Stelle, wenn es darum geht, dem kleinen «unglücklichen» Tier Geborgenheit zu vermitteln.

Die ersten Gebote

Kommt ein Welpe ins Haus, bringt das meistens für alle Beteiligten eine gewisse Umstellung der Lebensweise mit sich. Unseren Tagesablauf bestimmt vorderhand unser Hundekind. Der Welpe muß die ersten Gebote, das ABC der guten Kinderstube zu lernen beginnen; erste Tabus werden gesetzt. Aber bitte auf eine sanfte Art! Bei der Erziehung muß man stets beachten, daß Lob immer das bessere Lehrmittel ist, als die Strafe. Der Zögling begreift unsere Forderung schneller, wenn er bei richtigem Verhalten überschwenglich gelobt wird, als wenn wir unsere Wünsche durch – für ihn unbegreifliche – Zwangsmaßnahmen durchzusetzen versuchen. Körperliche Strafe oder Schelte bewirkt meist nur seine Verunsicherung. Der Hund ist nämlich nicht dumm oder beschränkt, er ist nur völlig anders ausgestattet, als wir Menschen. Als ehemaliges Rudeltier, wo ja die Kommunikation eine unumgängliche Überlebensfrage war, besitzt er nämlich die Fähigkeit, zu verstehen und sich einzuordnen. Dies tut er auch gern, wenn er erkennt, was wir eigentlich von ihm fordern.

Erste Tabus setzen

Der normal aufgeweckte Welpe wird bereits nach kurzer Eingewöhnung seine Umgebung erkunden und erfahrungsgemäß ist seine Neugierde dabei ziemlich grenzenlos.
Zerkratzen von Türen und Anknabbern von Teppichen, Möbeln, Schuhen, Kinderspielsachen sind allgemein beliebte Unarten des Hundekindes. Der Welpe möchte seine wachsenden Zähne an allen möglichen Gegenständen ausprobieren. Will man dieser «Zerstörungswut» vorerst ausweichen, darf absolut nichts herumliegen, was die Aufmerksamkeit des Welpen erregen kann. Achtung, besondere Vorsicht ist angebracht bei herumliegenden Stromkabeln. Der nagefreudige Hund erhält zur Vorsorge seine eigenen Knabberspielzeuge, die er nach Lust und Laune bearbeiten kann. Hat er jedoch trotzdem den schönsten Schuh erwischt, beherrschen wir uns und nehmen ihm den Gegenstand mit einem energisch gesprochenen «Nein» weg. Vorsichtshalber paßt man in den ersten Tagen ständig auf und beobachtet ihn, bis er gelernt hat, daß bestimmte Gegenstände für ihn tabu sind. Heckt der «Bengel» etwas aus, sieht man sich vor und wirft wortlos, exakt im Moment, wenn er den Gegenstand oder einen Teppich packen und zernagen will, eine «lärmige Büchse» oder Kette neben ihm auf den Boden. Er erschrickt und glaubt nun, den Lärm mit seiner Handlung ausgelöst zu haben. Wichtig ist, daß man unmittelbar, während der Hund etwas Unerlaubtes tut, eingreift. Nur auf diese Weise bringt er unser Einwirken mit seinem Tun in Verbindung. Bereits Minuten oder sogar Sekunden später, begreift der Hund unsere Maßregelung nicht mehr.
Ein gleiches Vorgehen ist nötig, wenn der Hund Esswaren vom Tisch stiehlt. Erwischen wir ihn dabei, reagieren wir mit einem energischen «Nein» und einem gleichzeitigen leichten Klaps. Wenn er am Kochherd hochsteht, weil es da so wunderbar riecht, lassen wir wieder, um ihn vor Verbrennungsschaden zu schützen, «ganz unbeabsichtigt» etwas Lärmiges, zum Beispiel einen Pfannendeckel, neben ihm zu Boden fallen. Der Hund erschrickt und verbindet auch diesen Lärm erfahrungsgemäß mit seiner Handlung.
Durch solches harmloses Einwirken lernt der Hund rasch und wir verleiden ihm seine Untugenden. Bald wird unsere Ermahnung genügen.

Welpe an der Leine, Foto: I. Knöptel

Die spitzen Zähnchen

Wenn die spitzen Welpenzähnchen an unseren Händen Schürfungen und Kratzer absetzen, ist dies sehr unangenehm. Da der Hund eben keine Hände hat, wird sein Fang zum Hauptinstrument und dient zum Fressen, Tragen, Spielen, Drohen, Knurren und für Zärtlichkeiten. Bei seinen Geschwistern hat er genügend gelernt nach Hundemanier zuzupacken, nämlich daß heftiges Beißen unangenehm ist und weh tut: Also besser vorsichtig zubeißen. Nun ist naturgemäß das Hundefell widerstandsfähiger als die Haut des Menschen. Deshalb muß man versuchen, dem Welpen begreiflich zu machen, wie stark er zupacken darf. Manchmal genügt es, wenn man einen Schmerzenslaut ausstößt, wenn er zu massiv ist: Er läßt sofort verunsichert los. Wenn unser «Gejaule» nicht genügt, gibt man mit der einen Hand einen leichten Klaps auf den Fang des Welpen. Er wird dies nun auf seine Handlung beziehen und in Zukunft aufpassen, wie stark er zubeißt. Genauso weist nämlich die Mutterhündin ihre Welpen zurecht: Sie korrigiert mit dem Fang, blitzschnell, hart aber ohne Erregung.

Vertrauen bilden

Sobald sich der Welpe eingewöhnt hat, unternimmt man den ersten kurzen Ausflug außer Haus und Garten. Der Welpe kennt bereits sein Halsband und man hat ihn spielerisch mit der Leine vertraut gemacht. Enorm hilfreich ist hier, wenn der Welpe bereits beim Züchter, auf ersten Ausflügen und Spaziergängen erfahren hat, daß aus dem Haus gehen etwas Angenehmes ist und Halsband und Leine dazu gehören. Um so wichtiger ist diese Vertrautheit, wenn nach der Übernahme kein eigener Garten zur Verfügung steht und der Welpe zum Versäubern regelmäßig angeleint ausgeführt werden muß.

In der ersten Zeit nach der Übernahme soll der Welpe uns vorerst kennenlernen und Vertrauen zu uns fassen. Unsere gemeinsamen Ausgänge dienen einzig seiner Verdauung und der Gewöhnung an Halsband und Leine. Unser neues «Leinenspiel» gefällt ihm anfänglich nun überhaupt nicht: Er demonstriert sein Unbehagen nach Hundemanier, mit Ziehen und Zerren und in die Leine springen. Wir bemerken seine Protesthandlung in keiner Weise und lassen ihn gewähren. Im Gehen versuchen wir lediglich – ohne Einwirkung – den Welpen zum Mitkommen zu animieren. Bereits nach einigen Tagen wird er begriffen haben, was wir von ihm erwarten und uns gerne erwartungsvoll nachfolgen. In gleicher Art gehen wir vor beim Überqueren von verkehrsreichen Straßen vor. Sobald der Hund erschrickt, reagieren wir nicht darauf, auch wenn er momentan rückwärts zerrt: Wir gehen ohne zu zögern oder zu sprechen ruhig weiter.

Sobald der Welpe durch die wichtigsten Impfungen sicher geschützt ist, werden etwas längere Spaziergänge gemacht. Ab und zu kann er bereits auf kurze Autofahrten zum anschließenden Spazieren gefahren werden. Bei dieser Gelegenheit soll er eine bewegte und auch zunehmend lärmige Umwelt erleben. Er muß Menschen und Kinder treffen, aber auch andere Hunde. Er soll sich frei bewegen und mit Artgenossen spielen können und das im Wurf erlernte Sozialverhalten weiterentwickeln. Damit er sich später ruhig und sicher fühlt, muß er jetzt mehrfach in Kontakt kommen mit motorisierten Fahrzeugen, vielen lärmerzeugenden Maschinen und allen möglichen optischen Eindrücken. Der Besuch eines Tierparks, wo Hunde erlaubt sind, ist sehr zu empfehlen. Der Hund erlebt dabei das andersartige Aussehen und die aufregenden Gerüche anderer Tierarten.

Welpe auf dem Spaziergang, Foto: A. Rupp

Ein Besuch im Tierpark, Foto: I. Knöpfel

Auf den Spaziergängen soll man sich nie ängstigen, wenn größere Hunde den kleinen Kerl beschnuppern wollen. Welpen und Junghunde genießen normalerweise Narrenfreiheit. Wird er doch einmal massiv korrigiert, ist dies weiter nicht schlimm, selbst wenn er im Moment der etwas unsanften Konfrontation aufjault. Er lernt aus dem Vorfall, daß alles was er schon mit seinen Geschwistern und seiner Mutter erlebt hat, auch draußen auf dem Spaziergang seinen Fortgang findet. Man soll überhaupt nichts unternehmen, weder ihn trösten noch hochheben wollen. Ein übermäßig behüteter Hund wird sehr oft zum mißtrauischen und aggressiven erwachsenen Hund.

Befinden wir uns auf einem Spaziergelände, wo Hunde gefahrlos frei laufen dürfen, leinen wir ihn ohne anzuhalten – während des Gehens – ab. Wir

His Lord Hamry, 12 Wochen alt, auf Erkundungstour, Foto: Hunziker

marschieren zügig weiter und veranlassen dadurch den Hund, uns nachzufolgen. Anfänglich wird er bestrebt sein in unserer Nähe zu bleiben und uns nachzufolgen. Bereits nach einigen Tagen, beginnt er diese Ausflüge zu genießen: Er wird vertraut mit der Umgebung, macht immer neue Entdeckungen und dehnt damit sein Bewegungsfeld aus. Nun ist die Zeit gekommen, wo der Welpe motiviert werden soll auf unseren Ruf zu achten. Erfolgreich ist ein Zurückrufen meistens nur, wenn nicht gerade eine wilde Spielstunde mit seinen Hundekollegen im Gange ist. Wir warten ab, bis der Hund etwas ermüdet und nach uns schaut. Jetzt rufen wir einmal seinen Namen und klatschen dabei zwei bis drei Mal in die Hände. Reagiert er nicht darauf, begeben wir uns schnell seitlich ins Gelände oder rennen in die Gegenrichtung. Unsere Bewegungs- und Richtungsänderung wird ihn irritieren, sein Interesse wecken und ihn veranlassen, nach uns zu schauen. Sobald er kommt bleiben wir kurz stehen, loben ihn, gehen aber sofort weiter. Wenn sich der Welpe sicher bewegt und uns aufmerksam nachfolgt, bauen wir diese Übung weiter aus. Im Moment, wo der Welpe uns entgegenkommt, sprechen wir deutlich hörbar «Komm», bleiben sofort stehen, rufen aber immer nur ein einziges Mal. Kommt er zu uns, loben wir ihn, geben ihm anfänglich eine kleine Belohnung und lassen ihn gleich wieder weiterspringen. Durch stets gleichbleibende Wiederholung – Hörzeichen, Handlung, Lob – wird die Ausführung zu einem Ritual und dadurch jeweils spontan ausgelöst. Wichtig ist, alle Schritte der Übungen gemäß den Vorgaben im folgenden Erziehungsteil auszuführen.
Täglich ergeben sich viele zwangslose Gelegenhei-

ten, wo der heranwachsende Hund nun auch das Hörzeichen «Sitz» verstehen lernt. Sitzt der Hund in unserer Nähe ab – abwartend vor dem Spaziergang oder in Erwartung seiner Nahrung, vor dem Futternapf – begleiten wir diese Handlung stets mit dem Hörzeichen «Sitz». Mit dieser Gewöhnung wird dem Welpen einer der wichtigsten Vorgänge ohne Zwang beigebracht. Veranlassen wir nun den jungen Hund, bei allen sich bietenden Gelegenheiten abzusitzen, sei es vor der Haustüre, vor dem Ein- oder Aussteigen im Auto oder vor dem Überqueren der Fahrbahn, wird es für ihn zur Routine und wir haben bereits wichtige Vorarbeit geleistet für die anschließend weiterführende Grunderziehung.

Sitzübung, Foto: U. Katz

Die Pubertätsphase

Bis zum achten Lebensmonat befindet sich der Hund in einer intensiven Wachstumsphase. «Er wächst wie ein junger Hund». Der Zeitpunkt für eine sogenannte intensive Erziehung ist jetzt optimal. Der Hund ist enorm aufnahmefähig, sehr neugierig und zudem interessiert an allem Neuen. Mit Vorteil wird man jetzt die Grunderziehung weiter ausbauen und festigen, wobei kurze Lektionen über den Tag verteilt eher Fortschritt bringen als Monsterlektionen. Der Hund in der Pubertätsphase ist noch unfähig, sich über eine längere Zeit zu konzentrieren, analog eines Kindes im Vorschulalter.
Die Phase der Pubertät liegt zwischen dem 6. bis 12. Lebensmonat. Es ist ein Prozeß, der sich auf den Hund sehr belastend auswirken kann. Jene Mängel treten nun plötzlich in Erscheinung, die durch eine «umweltarme» Aufzucht entstehen, und welche bei der Übernahme des Welpen noch nicht erkennbar waren. Ein Junghund zeigt sich plötzlich Fremden gegenüber zurückhaltend, verhält sich schreckhaft im Strassenverkehr oder bei anderen lärmigen und optischen Erscheinungen. Treppen oder enge Passagen können den Hund plötzlich ängstigen. Nun kommt auch noch die Belastung durch den erwachenden Sexualtrieb hinzu. Es kommt oft vor, daß ein schon gut erzogener Dalmatiner plötzlich nicht mehr gehorcht und sich sehr selbstbewußt, ja flegelhaft aufführt. Vor allem der starke Rüde versucht plötzlich an der Familienhierarchie seiner Familie zu rütteln. Dies ist ein normaler Vorgang, der zum Erwachsenwerden gehört, aber viel Verständnis, Geduld und Konsequenz seines Führers und der Familie erfordert. Freuen wir uns auf die Zeit danach: Mit 24 Monaten ist die anstrengende Zeit ziemlich überstanden und der Dalmatiner psychisch und physisch voll belastbar.

Der zweite Hund

Eine Dalmatinergruppe in der Bewegung zu sehen, läßt manches Herz höher schlagen. Ihre muskulösen Körper und ihr ganzes Gehabe strotzen vor geballter Kraft, elegant untermalt von ihrer auffälligen Fellfarbe. Wer zudem ihre liebliche, intelligente Art kennt, versteht den Wunsch nach einem zweiten Dalmi.
Zwei Dalmatiner halten zu können ist eine sehr schöne und überaus befriedigende Aufgabe, vorausgesetzt man hat genügend Platz im Haus und Garten und verfügt über hinreichend Zeit und genügend

Nervenfestigkeit, um die Rudelordnung in der Familie aufrecht zu erhalten. Ein oft vorgebrachtes Argument ist, daß man hofft, sich weniger mit den Hunden beschäftigen zu müssen, wenn man zwei Hunde hält: Richtig ist eher das Gegenteil. Es ist eher ein erhöhter Aufwand an Zeit nötig und eine mehrfache Belastung entsteht, abgesehen von den mindestens doppelten Kosten, die es zu berappen gilt. Überdies muß der Hundeführer über genügend Körperkraft verfügen, um zwei kräftige Dalmatiner zu führen. Aus welchem Grund auch immer man sich einen zweiten Hund anschaffen möchte: Es muß gründlich überdacht und richtig geplant werden, damit eine gefreute und reibungslose Zeit der Hundehaltung entsteht.

Wenn man sich entschlossen hat zwei Hunde zu halten, ist es in jedem Fall besser einen Altersunterschied von mindestens zwei bis drei Jahren einzuhalten, bis ein zweiter Hund – vorzugsweise ein Welpe – hinzu kommt. Der Ersthund ist in diesem Alter bereits genügend erzogen und er wird vom neuen gleichgeschlechtlichen Kumpan sofort als über ihm stehend anerkannt.

Eine Paarhaltung bringt in dieser Hinsicht weniger Probleme. Trotzdem ist eher davon abzuraten, außer es ist vorgesehen, die Hunde einzeln auszuführen. Erfahrungsgemäß entwickeln beide Geschlechter zunehmend ein Schutz- und Besitzverhalten, das sich so weit steigern kann, daß jeder auftauchende

Zwei Rüden, die sich glänzend vertragen, Foto: M. Reupke

Artgenosse, ob Rüde oder Hündin zum Rivalen wird, den es durch aggressives Verhalten zu bekämpfen gilt.
Schließt sich der junge Hund zu stark an den älteren an, wird auch seine Erziehung meist schwieriger. Es ist unbedingt nötig, den jungen, wie den älteren Hund so oft als möglich getrennt auszuführen und regelmäßig an einem angepaßten Erziehungstraining in einer Hundeschule teilzunehmen.
Möchte man einen zweiten Hund aufnehmen – eher aus einem egoistischen, aber leicht verständlichen Grund – nämlich, daß man beim Tod seines Hundes nicht plötzlich allein ist, darf man nicht zuwarten bis der ältere Hund bereits starke Altersbeschwerden zeigt. Denn durch sein Unvermögen mit dem Kleinen mitzuhalten würde er sichtlich leiden und unglücklich reagieren. Gesellt man zum noch rüstigen, aber älteren Tier einen Welpen, wirkt dieser stimulierend. Durch die neue Aufgabe wird der träge Senior munter, betreut den Kleinen, spielt und freut sich mit ihm.

jung und alt, Foto: T. E. Borckenstein

11. Die Erziehung

Wer seinen Hund mit Erfolg erziehen will, muß in erster Linie selbst das nötige «Rüstzeug» dazu erlernen. Oberstes Gebot bei der Erziehung ist, daß der Hundeführer über alle angeborenen Verhaltensweisen des Hundes Bescheid weiß.

Von der «wölfischen» Abstammung des Hundes her ist bekannt, daß der Hund ein Rudeltier ist und sich auch dementsprechend verhält. Das bedeutet für uns, daß er sich, gemäß dieser angeborenen Art, nur einer ranghöheren Leitfigur unterordnet: Genau dieser Umstand muß der Mensch gezielt nutzen. Die grundlegende Schwierigkeit zur Verständigung zwischen Mensch und Hund besteht darin, daß der Hund das menschliche Verhalten und auch unsere Sprache erlernen muß. Doch selbst wenn sich der wesentliche Wortschatz nur aus wenigen Hörzeichen zusammensetzt, versteht der Hund unsere gewünschte Forderung nicht, bevor er die entsprechende Handlung kennt. Also muß das entsprechende Hörzeichen gleichzeitig praxisbezogen angewendet werden. Auf diese Weise schult der Mensch den Hund und macht ihm in verständlicher Weise seine zugeordnete Stellung klar.
Die Übungen, wie sie im folgenden beschrieben werden, helfen auf einfache Weise, die grundlegende Verständigung zwischen Mensch und Hund zu lernen. Es empfiehlt sich, diese Übungen täglich während einiger Minuten konsequent durchzuführen, um bereits nach kurzer Zeit zusehends mehr Einfluß auf den Hund zu gewinnen.
Läßt man die richtig ausgeführten Übungen später auch unterwegs einfließen, lernt der Hund sich in alltäglichen Situationen richtig zu verhalten und wird zum gefreuten und wohlerzogenen Begleiter. Wir beginnen mit der eigentlichen Erziehung, sobald sich der Hund sicher bewegt und genügend Vertrauen zu uns hat.

Die vier Grundübungen

(gemäß dem Buch des bekannten Kynologen, *Urs Ochsenbein*: «ABC für Hundebesitzer», Müller Rüschlikon, Verlags AG, Cham)

Wir merken uns:
- der angeleinte Hund befindet sich links neben dem Führer
- die Leine liegt locker in der rechten Hand und wird an ihrem äußeren Ende gehalten
- die Bewegung ist zügig und gradlinig. Ist keine natürliche Gerade gegeben, setzt man sich einen Zielpunkt, einen Baum, Pfosten, Stein usw. und geht gradlinig auf diesen zu
- die Wendung wird haargenau auf einem Punkt durchgeführt (keinen Bogen machen)
- während des Übens wird außer den obligatorischen Hörzeichen nichts gesprochen. Der Übungsablauf ist absolut ruhig und konzentriert
- die einzelnen Schritte stets in richtiger Reihenfolge ausführen. Der Hund muß grundsätzlich kapieren, wie Schritt um Schritt aneinander gereiht wird, deshalb ist die Übung immer konsequent *von vorn* zu wiederholen, darf also nie erfolglos abgebrochen werden. Damit der Hund wahrnimmt, daß er die Übung falsch ausgeführt hat, muß eine Korrektur sofort mit dem Hörzeichen «Nein» eingeleitet werden
- jede von uns erwünschte und vom Hund erbrachte Leistung muß gebührend gelobt und belohnt werden
- ermüdet der Hund und läßt seine Konzentration spürbar nach, ist es sinnvoller die Übung korrekt abzuschließen und erst später zu wiederholen
- alle Übungen werden später in die Praxis umgesetzt, d.h. sie werden im Alltag stets sinngemäß angewendet

1. Gehen und Wenden

Um die Übungen zu realisieren, sind wir auf einen ungestörten, verkehrsfreien Spazierweg oder eine abgelegene Wiese angewiesen.
Wir halten die Leine locker an ihrem äußersten Ende mit der rechten Hand. Der Hund befindet sich auf unserer linken Seite. Die Leine dient dabei nur zum Führen des Hundes, also nie damit zupfen, ziehen oder zerren. Wir marschieren zügig los, aufrecht und den Blick immer nach vorn gerichtet. Wir achten nicht auf den Hund, sondern nehmen ihn ganz einfach mit. Anfänglich strafft sich die Leine bei jeder Wendung, legt sich nun um unseren Körper und zieht so den Hund mit. Nach 15 bis 20 Metern erfolgt ein Rechtsumkehrt. Diese Wendung wird nicht im Bogen, sondern an Ort und Stelle auf einem Punkt durchgeführt. Halten wir diese Punkte genau ein, wird der Welpe dank seines optimal entwickelten Raumgefühls schnell begreifen, was wir anstreben. Nach höchstens zehn ausgeführten Wendungen, wenn der Hund aufmerksam und willig an unserer Seite geht, marschieren wir zum Ausgangspunkt zurück und brechen hier die Übung ab. Wir bleiben einfach stehen, ohne vom Hund mehr zu verlangen, als daß er an locker durchhängender Leine im Stehen, Sitzen oder Liegen kurz verweilt.

2. Gehen, Anhalten und Setzen

(Bildfolge Seite 68, Fotos: U. Ochsenbein)

Diese Übung wird mit dem bereits exakt eingeübten Gehen und Wenden eingeleitet. Während des Gehens fassen wir mit der linken Hand die Leine knapp über dem Halsband und heben dieses senkrecht an. Der Kopf des Hundes wird etwas hochgezogen und nun verlangsamen wir den Schritt bis zum Stillstand. Meist nimmt jetzt der Hund selbst die Sitzstellung ein. Tut er dies nicht oder versucht er auszuweichen, übernimmt die rechte Hand die immer noch straff gespannte Leine. Mit den Fingerspitzen der nun freien linken Hand, tippen wir die Kruppe des Hundes an, bis er sich setzt. Sobald der Hund ruhig sitzt, richten wir uns auf, warten kurz bevor wir freundlich und gedehnt «Siiiiitz» sprechen. Dabei senken wir langsam die wieder von der rechten Hand zurückgenommene Leine und entlasten damit erst jetzt das Halsband. Jetzt verharren wir aufgerichtet und entspannt etwa zwei Sekunden neben dem Hund. Zum Abschluß wird er kurz gelobt, indem man ihn am Kopf streichelt und dabei «Brav siiitz» ausspricht. Wichtig ist nun, daß wir nochmals eine kurze Pause einlegen und entspannt und ruhig neben dem Hund stehen, bevor wir mit dem Hörzeichen «Komm» weitergehen. Sollte sich der Hund während der Übung erheben, sprechen wir entschieden «Nein» und bringen den Hund erneut in genauer Reihenfolge zum Sitzen. Sobald der Hund freudig mitgeht und sich korrekt setzt, gehen wir zur nächsten Grundübung über.

Gehen, Anhalten und Setzen

1.
Während dem Gehen wird die Leine etwas angehoben, um nach einigen Schritten das Tempo zu verlangsamen und anzuhalten.

2.
Meistens setzt sich der Hund so von selbst.

3.
Setzt er sich nicht, wird er mit den Fingerspitzen der linken Hand angetippt und damit zum Sitzen gebracht.

4.
Nachdem die Leine sachte gesenkt und gleichzeitig das Hörzeichen »Siiitz« freundlich und gedehnt gesprochen wurde, legt die Führerin aufgerichtet und entspannt eine Pause von zwei Sekunden ein.

5.
Danach wird der Hund kurz durch Auflegen der Hand und zugleich mit dem Hörzeichen »Brav sitz« gelobt.

6.
Wiederum macht die Führerin eine Pause von zwei Sekunden, bevor sie »Komm« sagt und dann weitergeht.

1

2

3

4

5

6

1

2

3

4

5

6

3. Bleiben

(Bildfolge Seite 69, Fotos: U. Ochsenbein)

Die Bleibübung fördert die gegenseitige Verständigung zwischen Meister und Hund. Beide erlernen dabei die Bedeutung des oft zitierten Begriffes Konsequenz. Richtig ausgeführt, dient es dem Meister als kurze Entspannungsübung. Die Bleibübung erfordert vom Hund eine Menge an Konzentration, ist für ihn demzufolge sehr anstrengend und darf anfangs nie länger als 5 Minuten dauern. Die Übung bildet eine Fortsetzung der Positionen Gehen, Wenden, Anhalten und Setzen.

Wir stehen aufrecht und entspannt, den Hund haben wir an unserer linken Seite in Sitzposition gebracht und die Leine liegt lose in unserer rechten Hand. Wir legen die obligate Pause ein und halten jetzt unsere linke Handfläche vor den Kopf des Hundes und sprechen gleichzeitig sehr ruhig aber bestimmt «Bleib». Wir ziehen die Hand sofort zurück, warten zwei Sekunden und treten nun ruhig und entschlossen (nicht zögernd) vor den Hund.

Falls er uns spontan nachfolgt, sprechen wir entschlossen «Nein» und beginnen die Übung ganz von vorne. Dieser Schritt ist für den Hund anfänglich enorm schwer nachvollziehbar, deshalb muß diese Phase oft mehrmals – stets von vorne – wiederholt werden, bis der Hund uns versteht und nun auch ruhig sitzen bleibt. Nicht jeder Hund lernt gleich schnell, oft merkt er erst nach einigen Versuchen, daß wir das Mitgehen beim Vortreten nicht wünschen.

Bleibt er sitzen, folgt die eigentliche Wartezeit, die wir letztlich anstreben. Ohne den Hund zu beachten, richten wir unseren Blick über den Hund hinweg in die Ferne. Entspannt warten wir eine angemessene Zeit, anfänglich aber nicht länger als 10 Sekunden: Sie soll vorerst dem Können des Hundes angepaßt sein und erst später verlängert werden.

Wir geben dem Hund erneut das Sichtzeichen mit der linken Handfläche, sprechen gleichzeitig das Hörzeichen «Bleib» und warten wiederum 2 Sekunden bevor wir schwungvoll neben den Hund zurücktreten. Mit durchhängender Leine, entspannt und immer geradeausblickend, verharren wir wiederum einen Moment neben dem Hund, bevor wir ihn kurz liebkosen und dabei «Brav bleib» sprechen. Nochmals richten wir uns auf und warten erneut 2 Sekunden neben dem Hund bevor wir weiter marschieren. Mit dem Hörzeichen «Komm» gehen wir weiter und beenden die Bleibübung.

Bleibübung

1.
Die geschlossene Handfläche wird dem Hund unter gleichzeitigem »Bleib« kurz vorgehalten.

2.
Die obligate Pause von zwei Sekunden verbringt die Führerin aufgerichtet und entspannt.

3.
Danach tritt sie entschlossen vor den Hund und legt eine in ihrer Dauer zu variierende Wartephase ein.

4.
Am Ende der Wartephase wird dem Hund erneut die Handfläche vorgehalten und gleichzeitig das Hörzeichen »Bleib« gegeben.

5.
Erst nach einer weiteren Pause tritt die Führerin zum Hund zurück.

6.
Vor dem Lob wird nochmals die Pause von zwei Sekunden eingehalten, die auch nach dem Lob nochmals zu erfolgen hat. So lernt der Hund schnell, was die Bleibübung für ihn zu bedeuten hat.

4. Herbeikommen, abrufen

(Bildfolge Seiten 71/72, Fotos: U. Ochsenbein)

Wenn wir diese Übung bei allen sich bietenden Gelegenheiten wiederholen, werden wir in Kürze einen Hund besitzen, der kommt, wenn man ihn ruft. Der Erfolg dieser Übung basiert ebenfalls auf einem exakten Vorgehen des Besitzers.

Damit der Hund nicht abgelenkt wird, soll diese Übung in einer ruhigen Gegend durchgeführt werden. Im weiteren wird uns der positive Verlauf des Herbeirufens wesentlich erleichtert, wenn wir dazu ein gradliniges Wegstück oder eine gegebene Gerade benützen, das den Hund in die erwünschte Richtung lenkt.

1
2
3
4

Wir nehmen uns vor, die Übung in Angriff zu nehmen und übergeben dazu unseren Hund einer Hilfsperson, die ihm zu unserem Vorteil nicht allzu vertraut sein sollte. Die Hilfsperson hält den Hund am Halsband zurück, spricht aber nicht mit ihm. Wir hängen die Leine um und entfernen uns wortlos, ohne uns zu verabschieden. In einer Distanz von etwa 20 bis 30 Meter halten wir an und wenden uns spontan dem Hund zu. Hier bleiben wir bewegungslos stehen, ohne auf den Hund zu achten und zählen stumm langsam bis zwanzig. Jetzt rufen wir kurz, aber nur einmal das Hörzeichen «Komm» ohne uns irgendwie zu bewegen. Die Hilfsperson läßt den Hund im Moment unseres Rufes laufen. Während er auf uns zukommt, bleiben wir immer noch bewegungslos stehen. Selbst wenn der Hund an uns vorbeirennt, bleiben wir absolut ruhig und lassen den Hund gewähren. Meistens irritiert unsere ruhige Hal-

Abrufen

1.
Die Besitzerin hat sich wortlos entfernt und zählt nun stumm und bewegungslos sowie langsam auf zwanzig.

2.
Auf einmaligen Ruf »Komm« eilte der Hund zur Bezugsperson, die auch beim Rufen körperlich bewegungslos blieb.

3.
Hier empfängt die Besitzerin – immer noch stumm – den Hund und bringt ihn neben sich in Sitzstellung.

4.
Jetzt wird eine Pause von zwei Sekunden eingehalten, die es dem Hund erlaubt, sich in die Endposition der Übung einzufühlen und diese mit dem »Komm« in Verbindung zu bringen. Er verknüpft somit den die Handlung auslösenden Ruf mit dem erwünschten Ziel.

5.
Danach wird der Hund kurz und gezielt mit »Brav komm« gelobt.

6.
Erst nach einer weiteren Pause wurde der Hund angeleint, und nochmals verweilt die Besitzerin zwei Sekunden entspannt neben ihm, bevor sie unter »Komm« weitergeht.

tung den Hund und er wendet sich gleich uns zu. Kommt er in Griffnähe, fassen wir ihn am Halsband, heben es an und bringen den Hund wortlos an unserem linken Fuß in Sitzstellung. Mit dem Senken des angehobenen Halsbandes sprechen wir «Siiiitz». Achtung: Dies ist das erste von uns gesprochene Wort während des ganzen Ablaufes. Wir richten uns nun auf und bleiben wie üblich entspannt neben dem Hund stehen. Erst jetzt wird er mit «Brav komm» gelobt, indem man ihn mit der linken Hand am Kopf streichelt. Wir warten erneut zwei Sekunden, leinen den Hund an, schalten nochmals eine Pause ein und marschieren mit dem Kommando «Komm» zügig weiter. Oder wir leinen während des Gehens den Hund ab und lassen ihn mit der entsprechenden Aufforderung springen.

Diese Übung läßt sich auch ohne Hilfsperson auf dem täglichen Spaziergang erfolgreich durchführen. In diesem Fall ist anfänglich zu beachten, daß der Hund nur gerufen wird, wenn wir mit einem Erfolg rechnen können: Im Idealfall ist dies, wenn er bereits aufmerksam auf uns zukommt.

Wir merken uns, daß wir bei dieser Abrufübung unser bekanntes Hörzeichen «Komm» nur einmal aussprechen, selbst wenn sich der Hund nur schwer abrufen läßt. Nur bei ausgeprägter Ablenkung, wenn wir annehmen, daß er uns nicht gehört hat, dürfen wir zweimal rufen. Denn, je öfters wir rufen, desto weniger wird uns der Hund ernst nehmen. Warum sollte er sich um uns kümmern oder sich irgendwie ängstigen uns zu verlieren? Dazu besteht für ihn überhaupt keine Veranlassung, unsere Stimme verrät ihm doch laufend, wo wir uns aufhalten. Besser als erneutes Rufen ist, wenn wir uns zügig in die entgegengesetzte Richtung bewegen. Falls er immer noch kein Interesse zeigt herzukommen, verstecken wir uns hinter einem Gebüsch, Baum oder einem sonstigen nahen Hindernis. Gibt es in der Nähe keine solche Möglichkeit, kann man sich auf den Boden kauern und so tun, als suche man da etwas ganz Bestimmtes. Der Hund interessiert sich plötzlich für unser Tun und wird zu uns kommen. Nun fassen wir ihn ohne Hast am Halsband und gehen in der gelernten Weise vor: Setzen an unserer linken Seite, warten, anleinen, loben, nochmals warten, «Komm» und zügig weitergehen.

Der Hund liebt die Grundübungen, führt man sie ruhig und exakt durch. Damit ergibt sich ein vertieftes Verständnis zwischen ihm und der Besitzerin oder dem Besitzer. Foto: U. Ochsenbein

So wird der Hund an der Leine geführt. Hier wird die Übung »Anhalten und Setzen« in der Praxis vor einem Straßenübergang angewandt. Foto: U. Ochsenbein

12. Der Sport- und Gebrauchshund

Der typische Dalmatiner ist ein intelligenter Hund und läßt sich in vielen Sportarten erfolgreich ausbilden. Das Vorurteil, der Dalmatiner brauche mehr Geduld bis zum Erfolg, als die Gebrauchshunderassen, ist nicht bestätigt: Richtig ist eher – je nach Wesensveranlagung des Junghundes – seine beträchtliche Bewegungsfreude und sein erfrischendes Temperament. Der junge Hund liebt das Herumtollen und Spielen mit anderen Kollegen über alles. Vor allem der wesenssichere Hund bringt durch seine Beharrlichkeit den Hundeführer leicht zur unbegründeten Verzweiflung und Aufgabe seiner gesetzten Ziele. Ausdauer und Durchhaltevermögen ist aber beim Aufbau vom Grundbegriff einer Erziehung bis zur Ausbildung eines Sporthundes unerläßlich. Sich in Geduld üben bringt den erwünschten Erfolg. Zwang und andere Grobheiten darf der Dalmatiner nie erleben, weder auf dem Übungplatz durch unerfahrende Ausbilder, noch durch seinen gestreßten Besitzer. Sobald die Pubertät abgeschlossen ist, endet die Zeit der «Flegeljahre» und der Dalmatiner belohnt den verständnisvollen Hundeführer durch eine aufmerksame und zuverlässig ausgeführte Arbeit.

«Troll v.d. Weidegg»
Eig. und Führer Hans Kilchenmann, er absolvierte bereits im Jahre 1954 die ersten Arbeitsprüfungen, in den Schutzhund-Klassen: A, B und C
Foto: H. Kilchenmann

Bei Anfangsschwierigkeiten hilft eine kompetente Anleitung und moralische Unterstützung durch einen gewissenhaft ausgebildeten Übungsleiter in einem Kynologischen Verein. Viele Vereine bieten Kurse an, wo man die Grundbegriffe lernt und später, je nach Eignung und Erfahrung des Hundes, in die entsprechende Ausbildungssparte wechselt.
Zur weiteren Unterstützung gibt es zudem einige gute Hundebücher, die ausgezeichneten Rat vermitteln. Im «ABC für Hundebesitzer» und «Der neue Weg der Hundeausbildung» werden alle Wege der Hundeerziehung richtig erklärt und klar nachvollziehbar dargestellt (Bezugsquellen siehe Anhang).

Warum Hundesport ?

Jede hundesportliche Arbeit fördert die körperliche und geistige Beweglichkeit – die Harmonie – zwischen dem Hund und seinem Besitzer. Heute ist der Dalmatiner Begleiter des Menschen und besitzt in der modernen Gesellschaft keine zugeordnete Rolle als Arbeitshund. Das von seinen Ahnen intensive Ausleben auf der Suche nach Nahrung, die oft stundenlange Jagd, ist unerwünscht: Sein Futter erhält er ja reichlich vorgesetzt. Damit er nicht auf «dumme Gedanken» kommt, braucht er eine sinnvolle Beschäftigung und eine angepaßte körperliche Betäti-

«Fellow v. Haslenriet»
Der Katastrophenhund steigt vorsichtig die Leiter empor, Foto: Margrit Reupke

gung. Außer seiner meist ohnehin unterschätzten Körperkraft kann der Charakter des Dalmatiners recht stolz sein und eine vernachlässigte Erziehung später unliebsame Folgen bringen. Durch anregendes Arbeiten im Hundesport werden diese ureigenen Triebanlagen zielgerecht in die erwünschten Bahnen gelenkt. Dabei lernen auch wir uns in jeder Situation richtig zu verhalten. Die enge Freundschaft und das gegenseitige Verstehen, welche durch das regelmäßige sportliche Training zwischen Führer und Hund entstehen, können ein ganz besonderer Teil des Lebens mit einem Dalmatiner sein.

Die Sportarten

Eindrücklich und bewundernswert sind die Arbeiten im Hundesport, die auf dem vermutlich stärksten Instinkt des Hundes, dem Geruchssinn aufgebaut sind. Der Geruchssinn gestattet ihm, sich vorwiegend nach seiner Nase zu orientieren und unter schwierigsten Bedingungen Fährten oder Objekte, wie versteckte oder verlorene Gegenstände, aufzuspüren und als Katastrophen- oder Lawinenhund verschüttete Menschen zu orten.
Nach der Grundausbildung folgt nun die Feinarbeit die Schulung – je nach Eignung von Hund und Hundeführer – zum Sanitätshund, Fährtenhund oder Suchhund.
In der Schweiz finden wir erfolgreich ausgebildete Dalmatiner in fast allen Sparten.
Die Ausbildung bis zum einsatzfähigen Rettungshund – Sanitätshund, Katastrophenhund und Lawinenhund – erfordert eine Gewissenhaftigkeit des Führers und eine optimale Belastbarkeit des Hundes.

«Xanto v. Weerstein» – geprüfter Schweißhund – nach erfolgreicher Suche von angefahrenem, verletzten Wild
Foto: Astrid Huser

Zum Jagdgebrauchshund wird der Dalmatiner in der Schweiz eher selten ausgebildet, wahrscheinlich weil er hier offiziell zu Prüfungen nicht zugelassen ist. Im Gegensatz zu anderen Ländern, wo er häufig Verwendung findet und als vortrefflicher und überaus zuverlässiger Jagdkamerad geschätzt wird.

Aus gesundheitsvorsorglichen Gründen ist der Dalmatiner für die Arbeit in Eis und Schnee – als Lawinenhund – nicht unbedingt zu empfehlen. Seine kurzen Haare bieten ihm im eisigen Schnee kaum den nötigen Wärmeschutz. Die Arbeit macht ihm zwar enorm Spaß und er besitzt auch das Rüstzeug dazu.

Sanitätshund (Fotos: U. Ochsenbein)

1. *Fellow freut sich, eine sitzende Person gefunden zu haben.*
2. *Temperamentvoll im Sprung, das Bringsel im Fang, verläßt er den Fundort, um den Sucherfolg seiner Führerin zu melden.*
3. *Energisch nähert sich Fellow einer zuvor aufgefundenen liegenden Person und zeigt sie so seiner Führerin.*

Fährtenhund (Fotos: U. Ochsenbein)

1. *Hier nimmt der junge Harley intensiv den Abgang der Spur auf.*
2. *Voller Suchfreude verfolgt Harley die Fährte.*

Der relativ junge Agility Sport ist für den ausgewachsenen Dalmatiner und seinen sportlichen Besitzer eine ideale Beschäftigung. Agility verlangt vom Hund eine Menge Intelligenz und Lernbereitschaft. Er bietet ihm aber unerhört viel Spaß und Abwechslung. Erwünschte Voraussetzung bei dieser zusehends beliebteren Sportart ist eine Grundausbildung in der Begleithundeklasse und die Freude an der ausdauernden Bewegung von Führer und Hund.

Agility, Foto: E. Stettler

13. Ausstellungen

Wenn man sich einen Dalmatinerwelpen als Familienhund kauft, denkt man kaum ans Ausstellen. Entwickelt sich das Hundekind jedoch zu einem standardnahen Exemplar seiner Rasse, kann der Wunsch heranreifen, den attraktiven Dalmatiner einem Richter auf einer Ausstellung zu präsentieren. Hundeausstellungen vermögen ein ausgefülltes Hobby zu werden, denn da sind neue Menschen mit gleichem Interesse zu finden.

Vor allem der Züchter, der pro Jahr nur wenig Welpen aufzieht und seine Hunde in der Wohnung hält, ist nicht in der Lage alle vielversprechenden Welpen zu behalten. Er ist angewiesen auf Hundekäufer, die den Nachwuchs an die Ausstellung bringen. Er wird seinen Wunsch auch bereits beim Aussuchen des Welpen äußern. Zu diesem Zeitpunkt kann – außer der vorzüglichen Abstammung – jedoch nur die Tüpfelung eines Welpen auf vermutliche Anlagen zum Ausstellungshund hinweisen. Garantieren jedoch, daß dieser Welpe sich auch zur standardgerechten Form entwickelt, um später die Zuchtzulassung zu erhalten oder sogar Ausstellungssieger zu werden,

Korrektes Aufstellen der Hunde an der Cruft's Show

kann kein verantwortungsbewußter Züchter. Viele noch verborgene Erbanlagen sind in diesem jungen Individuum neu konstelliert, die erst beim Erwachsenwerden in Erscheinung treten werden. In erster Linie dienen Hundeausstellungen einer Orientierung und als Wegweiser in der Zucht. Der Züchter versucht Hunde zu züchten, die dem Dalmatiner-Standard so nahe wie möglich kommen. Der Ausstellungsrichter ist Rassespezialist und bestrebt, eine Rasse nach dem gültigen Rassestandard, der bei der F.C.I. (Fédération Cynologique Internationale) hinterlegt ist, zu beurteilen. Dank seiner Erfahrung und der Richterausbildung verfügt er über genügend Rassenkenntnisse, die ihm gestatten, den Hund nicht nur nach seinem Erscheinungsbild (Phänotyp) zu beurteilen, sondern auch die vorhandenen Wesenszüge mit einzubeziehen. Sein Gutachten bestimmt allgemein die Qualität und die zukünftige Richtung in der Zucht der Rasse.

Patronat und Titelvergabe

Die Ausstellungen werden in europäischen Ländern von nationalen, der F.C.I. angeschlossenen Hundezuchtvereinen organisiert. In der Schweiz finden pro

Humble-bee Candy und Holly v. Haslenriet

Jahr drei bis vier internationale oder nationale Ausstellungen, für alle Rassen unter dem Patronat der SKG (Schweiz. Kynologische Gesellschaft) statt. Auf diesen Schauen können, jeweils getrennt nach Rüden und Hündinnen, das CACIB (Certificat d'aptitude au championnat international de beauté) und das CAC (Certificat d'aptitude au championnat) als Anwartschaft auf den Titel «Internationaler und Nationaler Schönheitssieger» errungen werden. Meistens kommen auch die Titel «Jugendsieger» zur Vergabe. An einer Klubsiegerausstellung stehen zudem die Titel «Klubsieger und Klub-Jugendsieger» zur Verfügung.

Der Titel «Schweizer Schönheitssieger» wird durch die SKG vergeben, wenn der Hund drei CAC unter mindestens zwei verschiedenen Richtern an schweizerischen Veranstaltungen erhalten hat: Davon mindestens zwei an internationalen Ausstellungen, wobei zwischen dem ersten und dem dritten CAC eine Frist von mindestens 12 Monaten liegen muß. «Deutscher–Champion» und/oder «VDH – Champion» erfordern je vier bestätigte Anwartschaften. Mindestens zwei müssen auf einer Internationalen Rassehundezuchtschau erworben sein, zwei weitere können auf Spezialzuchtschauen (die der VDH, Verband für das Deutsche Hundewesen e.V. durchführt) erzielt werden.

Der Titel «Internationaler Schönheitssieger» erfordert vier durch die F.C.I. bestätigte Anwartschaften – Certificat d'Aptitude au Championnat International de Beauté (CACIB) – unter drei verschiedenen Richtern und errungen in drei verschiedenen Ländern, davon eines im Heimatland des Hundeeigentümers oder im Ursprungsland der Rasse. Zwischen der ersten Anwartschaft (CACIB) und der letzten muß ein zeitlicher Zwischenraum von mindestens einem Jahr liegen.

Die Meldung

Hundeausstellungen werden in der Regel frühzeitig in den Fachzeitschriften ausgeschrieben. Die Ausschreibungen enthalten alle wesentlichen Informationen sowie auch die Adresse, wo ein Meldeformular angefordert werden kann. Mit diesem werden dem Aussteller die nötigen Anleitungen zur Einschreibung des Hundes, Klasseneinteilung, Altersgrenzen, verlangte Schutzimpfungen, Ausstellungsort sowie das übliche Rahmenprogramm bekannt gegeben.

Die Vorbereitungen

Bis zum Zeitpunkt des gekonnten Ausstellens ist aber noch ein weiter Weg. Vorerst ist es nötig den Hund damit vertraut zu machen, was ihn erwartet. Das heißt: Er muß mit anderen Hunden zusammentreffen, gewöhnt werden an Menschenansammlungen und an Umweltgeräusche, damit er sich bei ungewohnter Hektik und der Geräuschkulisse in der Halle (Lautsprecher, Hundegebell usw.) nicht beeindrucken läßt. Eine Ausstellung ist eine Schönheitskonkurrenz, deshalb soll es selbstverständlich sein, daß sich der Hund dem Schönheitsrichter in bester Kondition präsentiert. Dazu gehört die übliche Pflege des Hundes und ein sogenanntes Ringtraining.
Beim Richten muß sich der Hund einer intensiven anatomischen Prüfung stellen: Im Stand als auch in der Bewegung.
Die ersten Trainingseinheiten – Laufen an der Leine, korrektes Stehen und fachgerechtes Zähnezeigen – sollten in frühester Jugend, vorzugsweise in ruhiger Umgebung stattfinden. Nur regelmäßige Wiederholungen dieser Grundbegriffe werden dem Hund später die nötige Sicherheit und Ruhe vermitteln.

1. Die Leinenführigkeit

Bereits für das Ausstellungstraining benützt man anstelle der täglichen Ausgehleine eine spezielle Vorführleine. Der Hund lernt dabei zwischen Spaziergang und Ausstellungstraining zu unterscheiden. Der Aussteller führt den Hund grundsätzlich in leichtem Trab, mit der linken Hand an loser Leine vor. Er läuft dabei im Kreis gegen den Uhrzeigersinn. Bei der Einzelbewertung verlangt der Richter die Präsentation in einer geraden Linie mit Wendung sowie einem Dreieck. Dabei will der Richter den Hund im Kommen und Gehen und von der Seite sehen. Es lohnt sich auf jeden Fall diese Übung täglich ins Arbeitsprogramm einzubringen, denn das Gangwerk und die Körperausgewogenheit können bei einem hochspringenden, undisziplinierten Hund kaum beurteilt

Welpe übt das Stehen, Foto: J. Evans

werden. Sehr wichtig ist es, mit dem Hund fortwährend in Sprechkontakt zu bleiben, ihn zu loben, aufzumuntern oder zu beruhigen.

2. Der korrekte Stand

Der Richter muß eine Qualifikation des Hundes erstellen. Dazu wird der Hund in angemessenem Abstand, mindestens 3 - 4 Meter, vor dem Richter korrekt aufgestellt. Der Hund muß sich absolut ruhig verhalten, also – trotz erheblicher Ablenkung – im Ring eine gewisse Zeit still stehen. Ebenso müssen wir erreichen, daß er sich im Stand jederzeit korrigieren läßt.

Wir üben dies, indem wir uns vor den Hund stellen und ihn veranlassen stehen zu bleiben. Nun greifen wir mit der rechten Hand liebkosend unter seinen Fang – anfänglich unterstützt durch eine Belohnung – und sprechen mit ruhiger Stimme «Steh schön». Der Hund streckt seinen Kopf und strebt nach vorn, um weiter gestreichelt zu werden und schon haben wir erreicht, was wir bezwecken. Er nimmt bereits die erwünschte Stellung ein, denn durch die Verlagerung des Körpers nach vorn muß er, um das Gleichgewicht zu halten, alle vier Füße belasten: Der Rücken ist gerade und alle Muskeln sind angespannt.
Während der ganzen Übung spricht man immer wieder ruhig und einschmeichelnd «Steh schön». Ein

paar Leckerbissen fördern die Konzentration ungemein.
Weiter wird der Richter den Hund am ganzen Körper anfassen. Es interessieren ihn die allgemeine Konstitution, Augenfarbe, Ohrenhaltung, Rutenlänge, ob beim Rüden beide Hoden vorhanden sind und das Gebiß. Zur täglichen Pflichtübung gehört deshalb das «Zähnezeigen». Dazu faßt man mit der einen Hand leicht den Unterkiefer und mit der andern Hand hebt man die Lefzen an, bis die Zähne, ihre Stellung und der Zahnschluß sichtbar sind. Nach einiger Übung öffnet man den Fang des Hundes, damit auch die hintersten Zähne kontrolliert werden können.

An der Leine korrigieren

3. Üben auswärts

Sobald alle Übungen zuhause und im Garten richtig ausgeführt werden, wendet man sie ebenfalls draußen an: Erst in ruhiger Umgebung, später mit Geräuschkulissen und in Hundegruppen, unter zunehmender Ablenkung. Man stellt den Hund in die geübte Ausstellungspose, eine Zweitperson kommt auf ihn zu, diese begrüßt ihn, faßt ihn an und betastet ihn langsam von Kopf bis Fuß. Ein gut trainierter Dalmatiner, der selbstbewußt im Ausstellungsring auftritt und gute Ringmanieren gelernt hat, wird auf sich aufmerksam machen, ohne Zweifel seine Vorzüge bestmöglich zur Geltung bringen und auch Erfolg haben.

Zähnezeigen, Foto: I. Knöpfel

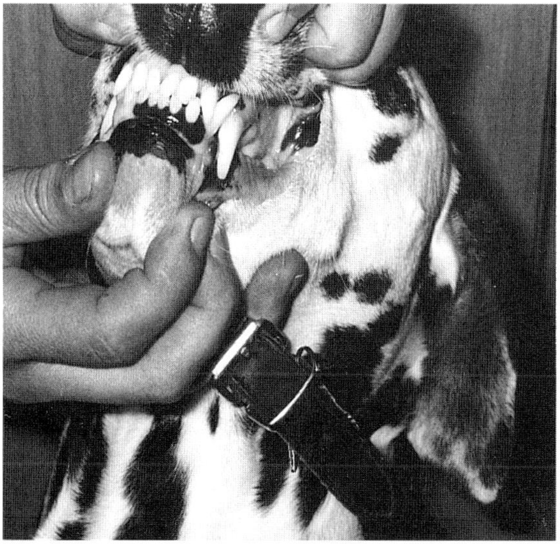

4. Der Ausstellungstag

Am Tag der Ausstellung erscheint man rechtzeitig mit seinem versäuberten Hund und mit allen in den Meldepapieren geforderten Unterlagen (Ahnentafel, Impfausweis, Annahmebestätigung, Meldegebührquittung) am Ausstellungsort. Am Eingang des Ausstellungsgeländes wird der Hund kurz vom Tierarzt untersucht und das Impfzeugnis, Annahmekarte und Startnummer eingesehen. Hier werden auch alle weiteren Ausstellungsunterlagen abgegeben. Im Ausstellungskatalog steht eine ganze Reihe wichtiger Angaben über seinen Hund, insbesondere wo die Boxen der Dalmatiner stehen, wo sich der Ausstellungsring befindet, wann welche Klasse gerichtet

Kalif von Weerstein, Foto: E. Bayer

wird und viele weitere Informationen. An internationalen Ausstellungen stehen für die Ausstellungstiere teilweise mit entsprechenden Startnummern gekennzeichnete Boxen zur Verfügung. Der gemeldete Hund muß vor und nach der Vorführung im Ring, bis zum Ausstellungsende darin untergebracht werden. Bei offenen Boxen benötigt man eine feingliederige Anbindekette mit je einem Karabinerhaken an beiden Enden oder eine kurze Leine. Für geschlossene Boxen lohnt sich das Mitführen einer Kette mit Schloß.

Für den Hund sollte man eine Decke, Vorführleine, Freßnapf mit Verpflegung und genügend Trinkwasser mitnehmen. Der sportlich elegant angezogene Aussteller nimmt vorsichtshalber einen Regenschutz mit, passendes leichtes Schuhwerk zum Vorführen, Sicherheitsnadel zum Befestigen der Katalognummer, Proviant und eine Sitzgelegenheit.

Die Startnummer heftet man an gut sichtbarer Stelle ans Kleid und wartet entspannt auf den Einsatz. Erst wenn die gemeldete Klasse an der Reihe ist, begibt man sich mit dem Hund in den Ring. Man stellt sich korrekt im Gegenuhrzeigersinn, mit genügend Abstand zum Nachbarhund, in die Reihe der Startnummernfolge, achtet vorläufig nur noch auf die Anordnungen des Richters und konzentriert sich ganz auf den vorzuführenden Hund. Man vergißt das Publikum und die anderen Aussteller, läßt überhaupt keine Nervosität aufkommen und stützt so optimal den Hund.

5. Nach der Bewertung

An einer Hundeausstellung ist sportliches Verhalten oberstes Gebot. Man schimpft weder über die Mitkonkurrenten, noch übt man Kritik am amtierenden Richter. Sieger werden kann immer nur einer der anwesenden Hunde. Jeder Richter setzt bei der Beurteilung die Schwerpunkte woanders und bevorzugt diesen oder jenen Typ. Auch Richter sind nur Menschen! Abgesehen davon sind Aussteller wie Hund nicht jeden Tag in optimaler Ausstellungsstimmung. Unabhängig davon, wie man abschneidet, soll der eigene Hund immer der «schönste Hund» sein und die Hauptsache muß der Spaß am Mitmachen bleiben. Das Verhältnis eines Ausstellers zu seinem Hund darf auf keinen Fall abhängig sein von seinen erzielten Ausstellungserfolgen, sonst sollte er besser keinen Ausstellungssport betreiben. In diesem Falle ist es jedoch dringend nötig, über seine Eignung als Hundehalter gründlich nachzudenken.

Gamine von Haslenriet

14. Zucht

Hundezucht ist ein recht verantwortungsvolles und arbeitsintensives Unternehmen. Aus biologischen und auch medizinischen Gründen gibt es keinen triftigen Grund, daß Rüden oder Hündinnen zur Fortpflanzung kommen müssen. Die Mutterschaft ist keine gesundheitliche Prophylaxe für die Hündin. Sie verhindert weder eine Gebärmutterentzündung oder Gesäugekrebs noch die lästige Scheinträchtigkeit. Das lästige Aufreiten und Umklammern, das Rüden in der Pubertät gerne praktizieren, ist eher in der Entwicklung zum Erwachsenwerden und dem damit verbundenen Dominanzverhalten zu suchen, als im Sexualtrieb.

Zuchtzulassung

Die Zucht reinrassiger Dalmatiner ist in der Zuchtordnung des jeweiligen Landes festgelegt. Die Grundlage bilden der durch die F.C.I. (Fédération Cynologique Internationale) anerkannte Standard der Dalmatiner sowie das landesübliche Zuchtreglement. Bevor mit einem im Hundestammbuch des Landes eingetragenen Dalmatiner gezüchtet wird, muß er an einer offiziellen Zuchtzulassung teilnehmen. Der Zuchtausweis der zukünftigen Elterntiere ist zwingende Voraussetzung dafür, daß die Nachkommen aus einer angestrebten Paarung anerkannte Papiere bekommen. Nur solche Dalmatiner gelten als Rassenhunde, deren Reinrassigkeit durch eine anerkannte Ahnentafel nachgewiesen ist.
Eine Zuchtzulassungsprüfung (Ankörung) besteht üblicherweise aus einer Formwertbeurteilung und einer Wesensprüfung, die vorzugsweise im Alter zwischen 12 bis 18 Monaten gemacht wird, einem von offizieller Stelle ausgewerteten Hüftgelenksattest sowie in Deutschland und Österreich eine zuverlässige Kontrolle der normalen Hörfähigkeit.

Unbeeindruckt passiert die Hündin den Parcours der Zuchtzulassungsprüfung

...auch flatternde Tücher sind kein Problem

Der mit lärmigen Büchsen gefüllte Sack wird kontrolliert

Spielend wird das Faß durchquert

Was wird vom Züchter verlangt ?

Der wesentliche Faktor um einen Wurf zu planen ist, genügend Zeit für die Hündin und später für die Aufzucht der Welpen zu haben. Wer glaubt damit Geld zu verdienen, soll besser die Finger davon lassen, denn Hundezucht ist außer ein arbeitsintensives auch ein recht kostspieliges Hobby. Neben Familienpflichten mit kleinen Kindern oder einer Berufstätigkeit läßt sich diese Arbeit kaum bewältigen. Man muß damit rechnen, daß unvorhergesehene Auslagen entstehen, wenn die Hündin nicht trächtig wird oder man einige Welpen länger als die üblichen 10 Wochen behalten muß, weil die Nachfrage nach Dalmatinerwelpen nicht immer vorhanden ist. Die Auswahl der zukünftigen Besitzer der Welpen ist ein weiteres recht schwieriges Kapitel im Züchteralltag. Selbst ein Hobbyzüchter, der nur einmal eine Hundekinderstube erleben möchte, kommt nicht an dieser Verantwortung vorbei, die er beim Plazieren der Welpen übernimmt. Das ist wirklich keine leichte Aufgabe, denn oft genug soll der attraktive Dalmatiner als Luxushund erworben werden. Wenn die Voraussetzungen zur Haltung eines Dalmatiners nicht vorhanden sind, weil der Bewerber dem Tier kein artgerechtes Zuhause bieten kann, muß der Züchter nein sagen können. Oft verleiten die niedlichen Welpen unüberlegt zum Hundekauf und die anfängliche Begeisterung am Tier flaut schnell ab. Wenn der Züchter nach der Übernahme des Welpen regelmäßigen Kontakt zum neuen Besitzer pflegt, ahnt er dessen Überforderung bald. Der Welpe hat riesiges Glück. Die Fürsorge seines Züchters bewirkt meistens, daß er bereits nach wenigen Tagen zurückgebracht wird, ohne schlimmeren Schaden genommen zu haben. Denn schon nach wenigen Wochen wird sich ein solch falsch behandelter Welpe als offensichtlich verhaltensgestörter Junghund zeigen: Ein unnötiges Opfer von sogenannten «Hundefreunden» in der heutigen Zeit.

Welche Verantwortung trägt der Züchter?

Außer fundierten Kenntnissen über den Dalmatiner, erfordert die Zucht dieser Rasse das Wissen um die Vererbungslehre, die einschlägigen zuchtrelevanten Bereiche der Tiermedizin, Anatomie sowie über die Vorgänge während der Läufigkeit, der Paarung, der Schwangerschaft, der Geburt und der Aufzucht. Die Wissenschaft ist sehr komplex und kann deshalb unmöglich in einigen Sätzen erklärt werden. Die Verfasserin weist deshalb auf einige für Züchter, wie Hundebesitzer, unentbehrliche Werke hin: «Brevier neuzeitlicher Hundezucht» von *Dr. h.c. Hans Räber,* «Die Technik der Hundezucht» von *Dr. D. Fleig*, «Züchtung des Hundes», «Genetik der Hundezucht» von *Malcolm B. Willis* sowie «Hunde züchten mit Erfolg» von *Hilary Harmar.*
Der Züchter trägt die Verantwortung, daß er Zuchttiere zur Zucht einsetzt, die frei sind von wissentlich vererbbaren Krankheiten und Mängel. Er hält das Auge auf alle wichtigen, rassespezifischen Punkte, wie Gesundheit, Intelligenz, Wesen und Aussehen. Trotz aller Umsicht ist es denkbar, daß fehlerhafte

Dinaric Starman of Clydevale, Foto: J. Huizingar

oder kranke Hunde geboren werden. Er muß fähig sein, das Todesurteil über solche kränkelnde oder fehlerhafte Welpen, oft zum Vorteil des restlichen Wurfes, zu fällen.
Die Züchtung eines Hundes, die immer durch das Zutun des Züchters entsteht, bedeutet ausnahmslos die Verantwortung diesem Tier gegenüber und zwar sein ganzes Hundeleben lang. Ein achtbarer Züchter steht dem zukünftigen, wie dem Besitzer, der bereits einen Hund aus seiner Zucht hat, jederzeit beratend zur Seite.

Der Deckrüde

Erste Voraussetzung des Deckrüdens ist sein einwandfreies Wesen, gepaart mit vorzüglichen, standardgerechten Anlagen. Mit einer Abstammung aus einer nachweislich gesunden, langlebigen und fruchtbaren Linie. Für den Besitzer des Rüdens, der ihn zur Zucht zur Verfügung stellen möchte, ist es ein Muß, seinen Hund auf Ausstellungen zu zeigen. Ohne einen gewissen Aufwand an Publizität, das immer auch mit erheblichen Kosten verbunden ist, wird auch ein Spitzenvertreter seiner Rasse nicht bekannt.
Der Besitzer eines zukünftigen Deckrüdens muß – gleich dem Züchter – über die Physiologie seines Hundes sowie der Hündin und des Deckvorganges Bescheid wissen. In Züchterkreisen ist es üblich, daß der Deckakt beim Rüden stattfindet. Normalerweise paaren sich die Hunde ohne menschliches Zutun. Trotzdem muß man dabei sein und eingreifen, falls die Hündin den Rüden attakiert. Dies kann vorkommen, wenn die Hündin zu früh zum Rüden gebracht wird und sich deshalb ihrem Liebhaber gegenüber sehr unfreundlich gebärdet. In diesem Fall wird der Versuch besser abgebrochen, und erst wiederholt, wenn die Hündin deckreif ist, vermutlich am nächsten oder übernächsten Tag. Geduld und eine Menge Zeit ist bei diesem Experiment immer eine nötige Voraussetzung, denn die einen wollen sich zuerst kennenlernen und sich gehörig austoben im Paarungsspiel, bevor sie zur Sache kommen, während die andern es sofort erledigen.
Nach vollzogenem Deckakt werden die, meistens vom Hündinnenbesitzer mitgebrachten, Formulare korrekt ausgefüllt und von beiden Besitzern unterschrieben sowie die vereinbarte Decktaxe bezahlt. Um sicher zu gehen, wird oft der Deckakt 24 bis 48 Stunden später wiederholt. Trotz normalem Deckakt kann eine Hündin leer bleiben. Üblicherweise stellt der Rüdenbesitzer seinen Rüden bei der nächsten Hitze kostenlos zur Verfügung. Diese Vereinbarung ist nicht zwingend und sollte sicherheitshalber vertraglich festgehalten werden.

Die Zuchthündin

Nicht nur beim Rüden sondern auch bei der Hündin ist das einwandfreie instinktsichere Wesen Vorbedingung zum Zuchttier.
Die Dalmatinerhündin ist in der Regel zwischen dem 7. bis 12. Lebensmonat geschlechtsreif: Die 1. Läufigkeit setzt ein. Der Eintritt der Läufigkeit kündigt sich bereits einige Tage vor Blutungsbeginn durch leichtes Anschwellen der Vulva an. Der Sexualzyklus der Hündin wird innerlich über die Hirnanhangdrüse gesteuert. Die 1. Phase – die Vorbrunst (Proöstrus) – beginnt mit dem ersten Blutstropfen und geht nach etwa 8 bis 12 Tagen allmählich in die 2. Phase der sogenannten Paarungszeit – der Hochbrunst (Östrus) – über. Allgemein folgt naturgemäß die Ausbildung einer Trächtigkeit. Wenn kein Deckakt oder Befruchtung stattgefunden hat, folgt die etwa 60 Tage dauernde Rückbildungsphase (Metöstrus).

Aischa v. Hefenhausen, Foto: I. Knöpfel

Zyklusbedingt beginnt nun die 4. Phase – die Ruhepause (Anöstrus) – die eine unterschiedliche Länge aufweist. Mit etwa zwei Jahren ist die Hündin ausgewachsen, voll entwickelt und hat zwei bis drei Läufigkeitszyklen durchlaufen. Wenn man züchten möchte, notiert man fein säuberlich alle Vorkommnisse während der etwa 21 bis 25 Tage, die eine Läufigkeit üblicherweise dauert. Diese genaue Buchführung ist später bei der Berechnung des Decktermins hilfreich.

Vorbereitungen zum großen Tag

Lange vor dem möglichen Termin erkundigt man sich am besten beim Zuchtverantwortlichen des Landes, wo ein zur Hündin passender Rüde zu finden ist, damit man frühzeitig Kontakt aufnehmen kann mit seinem Besitzer. Dies ist besonders zu empfehlen, wenn der vorgesehene Deckrüde ein «gefragtes» Exemplar ist. Man studiert genau die Zuchtvorschriften des Landesverbandes und besorgt die nötigen Zuchtformulare. Zu Beginn der Hitze meldet man sich beim Halter des Deckrüden und vereinbart den ungefähren Decktermin. Der richtige Decktag kann der Tierarzt mittels Scheidenabstrich und/oder durch Messung des Hormonblutspiegels genau ermitteln. Diese Methode ist empfohlen, vor allem wenn der auserkorene Rüde weit entfernt im Ausland lebt. Selbstverständlich hält man die Hündin ab Beginn und nach erfolgter Deckung, bis zum Abklingen der Läufigkeit auf dem Spaziergang strikt an der Leine und ebenfalls zuhause im Garten unter strenger Kontrolle.

Die Trächtigkeit

Die Tragzeit dauert beim Hund in der Regel 63 Tage. Zunächst wird man bei der Hündin kaum Veränderungen feststellen. Sie kann anhänglicher und liebesbedürftiger werden sowie ein vermehrtes Schlafbe-

Rüde und Hündin lernen sich kennen

Hochträchtige Hündin

dürfnis zeigen: Diese Symptome sind aber meistens auch bei einer Scheinträchtigkeit vorhanden. So um den 30.-35. Tag der Trächtigkeit wird der Gesamtumfang der Hündin ihren Zustand bestätigen. Erst jetzt braucht sie etwas mehr und qualitativ besseres Futter. Über notwendige Zusatzstoffe läßt man sich am besten vom Tierarzt beraten, denn er kennt den Gesundheitszustand der Hündin.
Bereits einige Zeit vor der erwarteten Geburt sind die nötigen Vorbereitungen zu treffen. Der Hündin muß für die Geburt und die anschließende Aufzucht der Welpen ein ruhiger, gut durchlüfteter und heizbarer Raum von angemessener Grösse zur Verfügung stehen. Mindestens eine Woche vor der Ankunft der Welpen steht in der zukünftigen Kinderstube eine geräumige, gut isolierte Wurfkiste bereit. Es ist von Vorteil, wenn man auch den Tierarzt über den möglichen Geburtstermin informiert, falls die Hündin Hilfe braucht. Für den Neuzüchter ist der Beistand eines erfahrenden Züchters, der in der Nähe wohnt, eine enorm beruhigende Stütze.

Die Aufzucht

Mit der Geburt der Welpen beginnt für den Züchter eine anstrengende Zeit. Die erste Lebensphase der neugeborenen Welpen – die vegetative Phase – besteht wesentlich aus Schlafen und Trinken. Es ist die Zeitspanne, wo in der Welpenstube äußerste Ruhe herrschen muß. Die Hündin darf nicht unnötig beunruhigt werden, deshalb werden Besucher noch abgewiesen und auf die Zeit nach der dritten Lebenswoche vertröstet. Die Augen der Welpen sind noch geschlossen, die Ohren aufgund der geschlossenen Gehörgänge ohne Funktion und der Geruchssinn noch nicht vollkommen ausgebildet. Das übliche Kontaktliegen mit Wurfgeschwistern bedeutet für den Welpen wohlige Wärme und Geborgenheit. Während der ersten Tage säubert und massiert die Hündin immer wieder mit ihrer Zunge die Neugeborenen. Sie sorgt damit beim Welpen für eine belebende Atmung und regelmäßige Entleerung des Darmes.
Dem Züchter obliegt in dieser Zeit die sorgfältige Überwachung des Wurfes. Dazu gehört die sorgfältige Pflege der Hündin, das Sauberhalten der Wurf-

Welpe auf der Waage, Foto: J. Knöpfel

kiste, die übliche Gesundheitsprüfung und die tägliche Gewichtskontrolle der Welpen und bei sehr großen Würfen das Zufüttern.
Mit beginnender Übergangsphase, am Ende der zweiten Woche, ändert sich das Verhalten der Welpen in der Wurfkiste schlagartig. Die Augen und die äußeren Gehörgänge der Welpen öffnen sich. Sie beginnen mit ihren nunmehr funktionsfähigen Sinnesorganen zu ihren Geschwistern und der Umwelt Kontakt aufzunehmen. Die Zeit, die Höhrfähigkeit jedes einzelnen Welpen zu testen ist da. Der Züchter prüft diese, indem er mehrmals täglich unterschiedliche Geräusche erzeugt. Mit einer großen Erleichterung registriert der Züchter jede positive Reaktion der Welpen, die eine Hörfähigkeit bestätigen.
Durch die tägliche Kontrolle ihres Menschens sind sie an das Angefaßt- und Aufgenommenwerden gewöhnt. Sie reagieren erkennbar freudig auf den ihnen vertrauten menschlichen Geruch. Sie bekunden dies mit Knabber- und Beißversuchen und einem zufriedenen ersten Schwanzwedeln. Die Wurfkiste wird sehr bald zu eng. Die Welpen verlassen ihr Lager – erst auf wackeligen Beinen – um selbständig das «Geschäft» zu machen. Der Züchter leitet und unterstützt den Welpen und setzt ihn auf die dafür vorgesehene Stelle. Es soll eine geräumige, mit saugfähigem Material versehene Kotschale (vom Kaninchenstall) direkt außerhalb der Kiste vorhanden sein. Diese Gewöhnung ist ein sehr wichtiger Vorgang. Damit wird der Grundstein gelegt zur späteren Stubenreinheit.
Mit zunehmender Standfestigkeit erkunden die Welpen nun die nähere Umgebung. Bald benötigen sie einen ausreichend großen Auslauf um zu spielen, herumzutollen und mit den Geschwistern zu «kämpfen». Der Auslauf ist stabil eingezäunt und besteht aus unterschiedlicher Bodenbeschaffenheit (Kies, Sand, Gras, Holz). Ideal ist der direkte Zugang zur Unterkunft. Andernfalls muß ein windgeschützter, überdachter Liegeplatz aufgebaut sein, dessen Boden gegen Nässe und Kälte isoliert ist. Zudem braucht die Mutterhündin in der Anlage einen für die Welpen unzugänglichen Ruheplatz. Schon bald entfernt sie sich längere Zeit von den Welpen und läßt sie allein spielen.
Der fortschrittliche Züchter weiß, daß in dieser Phase – der beginnenden Sozialisierungsphase – die Weichenstellung für die Entwicklung des Welpen zu einem aufgeweckten, lernfähigen und wesenssicheren Hund beginnt. Was dem Welpen in dieser Zeit vorenthalten wird an Kontakten und Erfahrungen, wird ihn später ängstigen und belasten, kann ihn nach dem Erreichen seiner Reifung (mit sieben bis neun Monaten) verunsichern und zur Scheu oder oft sogar zur Aggression führen.
Die Lernfähigkeit des Hundes ist in seiner frühen Jugend, zwischen der 4. und 16. Lebenswoche am größten. Man kann ihm jetzt vieles spielerisch bei-

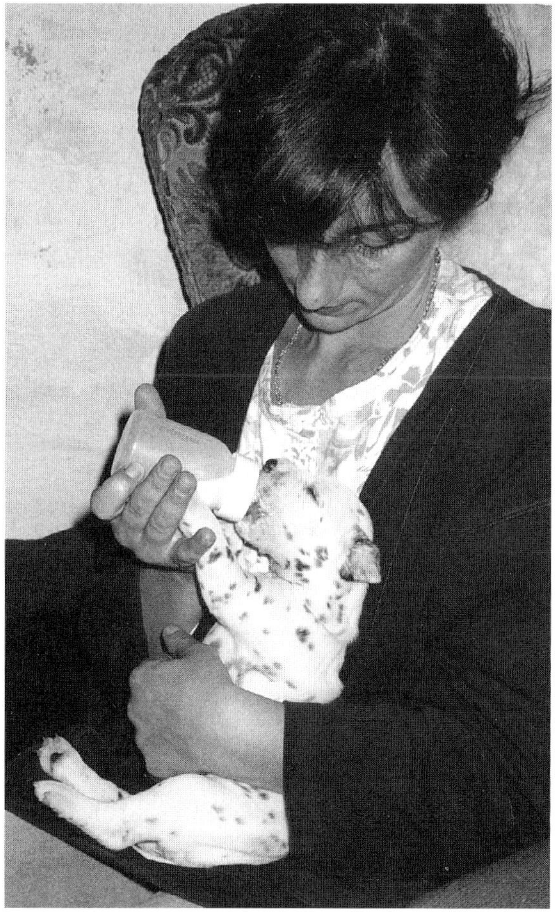

Zufüttern, Foto: J. Knöpfel

Gina von Grod mit Welpen (Foto: S. Schmuki)

bringen, denn alle erlebten Eindrücke prägen sich in dieser Zeit nachdrücklich in sein Gedächtnis ein. Wohl nie mehr in seinem ganzen späteren Leben wird der Hund derart aufnahmebereit sein, wie gerade jetzt.

Der Züchter wird dieser Tatsache Rechnung tragen und den Welpen intensiven Kontakt zu großen und kleinen Kindern, Erwachsenen und anderen Tieren bieten. Ein abwechslungsreicher Spielplatz soll dem Welpen eine Reihe wertvoller Erfahrungen an vielen möglichen Umwelteindrücken bieten. Er soll mit verschiedenen optischen Erscheinungen bestückt sein. Zum Beispiel: Unterschiedliche Bodenmaterialien, Gitter, Käfig, Röhren, schräges Brett zum Klettern, Baumstrunk, aufgehängte Flattertücher, Trampolin, Sandkasten, verknotete Tücher usw. Zweckdienlich sind abwechselnd gebotene Geräuschkulissen wie Staubsauger, Radio, Rätsche, Hammerschläge auf Eisenrohre, Klirren von Ketten, Kirchenglocken, Motorengeräusche, Schüsse, Büchsen, mit wenig Steinen gefüllt und an einer Schnur zusammengebunden, Kuhglocke, mit ein paar Steinen gefüllte Plastikkübel oder Flaschen, massive, sich bewegende Kinderspielzeuge usw. usw.

Weiter gehören – nach erfolgter Schutzimpfung – kurze Familienausflüge zur gezielten Gewöhnung.

Foto: T.E. Borckenstein

Foto: Rüegg

Kinder und Hund

Welpen im Auslauf, Fotos: R. Rothenanger

Der Spielplatz der Welpen soll abwechslungsreich und anregend sein.

Der Welpe soll dabei neue Eindrücke außer Haus auf Wiesen, Äckern, im Wald, im Bach und an Gewässern erleben. Die erste Gewöhnung ans Leinelaufen und wenn möglich ans erste Autofahren gehören zum obligaten Pflichtenheft des Züchters.
Wird ein Welpe auf diese Weise aufgezogen, ist er optimal auf den Start ins neue Leben vorbereitet. Er besitzt eine Menge an Erfahrung und Sicherheit, die eine problemlose Eingewöhnung in die Familienmeute und eine neue Umgebung erlauben.

Spaziergang mit Welpen an der Leine, Foto: I. Knöpfel

15. Der Bogen des Lebens dehnt sich

Der ältere Hund

Einige Dalmatiner zeigen bereits mit 10 Jahren erste Alterserscheinungen, andere erst nach 12 Jahren und mehr. Es ist anzunehmen, daß sowohl der Alterungsprozess als auch die Lebenserwartung genetisch festgesetzt sind und die Tiermedizin deshalb keinen Einfluß ausüben kann.

Die 16jährige Dalmatinerhündin Yucca

Bei angemessener Pflege und richtiger Haltung ist der Dalmatiner gesund und erreicht leicht ein Alter von 12 und mehr Jahren, sogar über 16 Jahre ist keine Seltenheit.

Typische Alterszeichen

Bei all seinem immer noch vorhandenen Tatendrang benötigt der ältere Dalmatiner mehr Schlaf und längere Ruhepausen. Den früher so geliebten Wanderungen zieht er vermehrt dosierte kürzere Spaziergänge vor. Es zeigen sich erste Abnützungserscheinungen – bedingt durch eine kontinuierliche Abnahme der Muskelmasse – vor allem Beschwerden in den Gelenken (beim Aufstehen, Anlaufschwierigkeiten, Stolpern, Nachlassen der Wendigkeit). Die Sehfähigkeit nimmt ab und es läßt sich Altersschwerhörigkeit bis hin zur Taubheit feststellen. Allgemein werden Wetterschwankungen schlecht vertragen und es folgen typische Wesensveränderungen; abnehmende Anpassungsfähigkeit, zunehmende Unsicherheit bis hin zur Ängstlichkeit.
Der Dalmatiner verlangt jetzt mehr Aufmerksamkeit und menschliche Nähe. Die vermehrte Zuwendung dankt er uns durch sein grenzenloses Vertrauen und schafft zu seinem Menschen eine wunderbare innige Mensch-Tier-Beziehung, die nur nachvollziehen kann, wer sie erlebt hat.
Ein alter Dalmatiner braucht eine stetige, sorgfältige Beobachtung des Gesundheitszustandes, damit man ihm, wenn nötig, sofort helfen kann. Es sollte selbstverständliche Pflicht eines jeden Tierfreundes sein, seinen alten Hund im Krankheitsfall besonders zu pflegen. Ein besonderes Augenmerk gilt seiner Ernährung, welche zunehmend den Bedürfnissen des älteren Hundes angepaßt werden soll. Je nach Verträglichkeit und Verdauung der nötigen Futter-

menge erhält er nun mehrere kleine Mahlzeiten am Tag.

Der letzte Weg

Einen unheilbar kranken Hund hingegen soll man – wie unsäglich schmerzlich es für uns auch ist – von seinem Leiden erlösen. Nie darf man aus Egoismus, aus menschlicher Schwäche, dem Hund durch lebensverlängernde Maßnahmen einen qualvollen Leidensweg bringen. Beim Tierarzt – wenn man ihn zum letzten Mal in den Armen hält, während dem er ruhig und vertrauensvoll die erlösende Injektion erhält – hat man die allerletzte Möglichkeit dem Hund für seine Treue und Zuneigung zu danken.

Es bleibt die Erinnerung

16. Krankheiten und erste Hilfe

Bereits in vorgeschichtlicher Zeit versuchte man kranken Tieren nach Möglichkeit zu helfen. Tierheiler waren bereits bei den Sumerern und Ägyptern bekannt. In der heutigen Zeit, vor allem in den letzten Jahren, seit die Bedeutung der Haustiere zunimmt, entwickelt sich nicht nur die Humanmedizin, sondern genauso die Tiermedizin. Heute verfügen praktisch alle Kleintierpraxen über die nötigen Anlagen, um innert kürzester Zeit Diagnosen zu stellen und dem Tier gezielt zu helfen.
Der Dalmatiner besitzt eine kräftige und robuste Konstitution und gehört zu einer überaus gesunden Hunderasse. Voraussetzung ist, wie bei jedem Lebewesen, eine sorgfältige Ernährung und angepasste Haltung. Außer der Abstammung aus gesunden Eltern ist die Kinderstube des Hundes nicht unwesentlich. Nur eine sorgfältige Aufzucht ermöglicht dem Welpen, ein gesundes Immunsystem zu entwickeln, das ihm in der heutigen vielseitig belasteten Zeit enorm hilft, vielen Krankheiten zu trotzen. Trotz aller Vorsorge besitzt vermutlich jedes Tier eine gewisse erbliche Disposition für Defekte und Krankheiten. Beim Dalmatiner steht an erster Stelle das – meist ernährungsbedingte – Harnsäure-Problem, welches vielfach erkannt wird als Auslöser von Blasen- und Nierensteinen sowie möglicherweise der Hautkrankheiten. Eher selten treten Entropium oder Ektropium, leichte Hüftgelenksdysplasie und Taubheit in Erscheinung. Es wäre unverantwortlich, im Hinblick auf die Gesunderhaltung der Dalmatiner, genetisch bedingte Erkrankungen in der Zucht ausser acht zu lassen.

Harnsäure-Probleme

Nieren- und Blasensteine
Der Dalmatiner besitzt eine Stoffwechseleigentümlichkeit, die wir nur bei Menschen und Menschenaffen kennen. Hunde bauen normalerweise die Eiweiße (Proteine) zum leicht löslichen Allantoin (Produkt des Harnstoffwechsels) ab und scheiden es meist problemlos über die Nieren aus. Als einzige bekannte Hunderasse ist der Dalmatiner dazu unfähig; anfallende Abbauprodukte des Stoffwechsels werden in seinem Fall in die schwer lösliche Harnsäure überführt. Besteht nun die Ernährung des Dalmatiners überwiegend aus Fleisch, wird der tägliche Proteinbedarf erheblich überschritten und das besonders reichhaltige Futter hat eher gesundheitsschädigende Wirkung als fördernde. Ein Zuviel muss also täglich in Form von Harnsäure durch die Nieren ausgeschieden werden.
Typische Krankheitssymptome könnten auftreten: Hautentzündung, Juckreiz, gelbe oder rötliche Haarverfärbung (Bronze-Syndrom), Ekzeme, Nieren- oder Blasenleiden mit Kristall- und Steinbildung.

Aber Vorsicht: Auch Futter, das zu wenig Protein enthält führt zu Mangelerscheinungen und kann sich auf die Gesundheit des Hundes ebenso schädigend auswirken, wie ein Überangebot. Protein wird im Körper nicht gespeichert, wie z.B. Kohlenhydrate, deshalb muß – soll der Dalmatiner gesund bleiben – ihm die lebensnotwendige Menge Protein täglich seinem Alter und der Leistung angepaßt zugeführt werden.
Sichtbare Anzeichen bei Blasen- oder Nierensteinen sind blutiger oder gelegentlich bräunlicher Harn, der Hund zieht den Rücken auf und der hintere Gang ist steif und gehemmt. Eine regelmäßige Blut- und Harnkontrolle gibt Aufschluß über den Wert des Harnsäurespiegels. Dadurch wird die Disposition frühzeitig erkannt: Linderung bringt im Normalfall eine gezielte Diät mit gleichzeitiger Förderung der Flüssigkeitsaufnahme.

Hautkrankheiten

Wie der Mensch, leiden auch die Hunde bedenklich zunehmend unter Allergien. Allergien sind Überempfindlichkeitsreaktionen des Abwehr- und Immunsystems. Sie werden ausgelöst durch regelmäßiges Aufnehmen, Inhalieren und durch Hautkontakt mit bestimmten Umweltstoffen: Blütenpollen oder Gräser können Juckreiz und saisonale Ekzeme begünstigen.
Eine Gelb- oder Braunfärbung der Haare, meist über den Rücken, als «Dally Rash» oder «Bronzing Syndrom» bezeichnet, macht viele Hundebesitzer ratlos. Es kann falsche Ernährung, meist ein übermäßiges Eiweißangebot, sein. Wenn nicht rasch ein Futterwechsel vorgenommen wird, können die Hautveränderungen chronisch werden.
Auf den Genuß von Trockenfisch reagieren viele Dalmatiner allergisch.
Auch die heiße Jahreszeit hat ihre Tücken, denn ein Sonnenbrand kann eine Sonnenallergie auslösen und zu einer Verfärbung der Haare führen.
Bei starkem Juckreiz und geröteten Hautstellen ist unbedingt an Flohbefall zu denken. Ein einziger Biß kann bereits eine schlimme Allergie zur Folge haben.
Zecken verursachen ebenfalls Hautkrankheiten und könne eine Reihe von Krankheiten auf Mensch und Tier übertragen. Deshalb sollten festgesaugte Zecken nach Möglichkeit sofort mittels Zeckenzange entfernt werden.
Eine nicht zu übersehende Gefahr bildet die Demodexmilbe, die praktisch auf jedem Hund im Haarfollikel gefunden wird. Die Milbe wird kurz nach der Geburt, beim Saugakt von der Mutterhündin auf den Welpen übertragen.
Dank dem Immunsystem des gesunden Hundes wird die Zahl der Milben in Grenzen gehalten und es tritt keine Erkrankung auf.
Leider ist heute noch nicht erforscht, wie weit es Zuchtlinien gibt, die eine erhöhte Disposition für Hautkrankheiten aufweisen und diesen vermutlich genetischen Defekt weiter vererben. Vorsorglich sollten offensichtlich chronisch befallene Tiere in jedem Fall aus der Zucht genommen werden.

Für den Laien haben viele Hautkrankheiten ein ähnliches Aussehen. Eine umfassende Diagnose durch einen tierärztlichen Hautspezialisten ist für eine gezielte Behandlung sehr wichtig.

Entropium - Ektropium

Von Entropium spricht man, wenn das Augenlid nach innen gerollt ist und von Ektropium bei Umstülpung nach außen. Beide Anomalien können operativ korrigiert werden.
Bei eingestülpten Augenlidern entsteht durch die Wimpern ein ständiger Reiz auf die Bindehaut und die Hornhaut.
Beim Ektropium liegt das untere Lid nicht am Auge an. Die Lidbindehaut liegt frei und durch Umweltreize, Wind, Staub und Gräser entsteht bald eine Entzündung und Tränenfluß.

Entropium sowie Ektropium sind immer vererbt, wenn das eine oder andere bereits beim Saugwelpen festgestellt wird. Möglich ist offenbar auch eine spätere Erkrankung durch eine auslösende Verletzung. Allzu straff anliegende Kopfhaut beim Dalmatiner begünstigt vermutlich das Auftreten von Entropium.

Taubheit

Beim Dalmatiner ist angeborene Taubheit bekannt. Sie kann einseitig oder beidseitig sein und offenbar, je nach Schädigung, auch verschiedene Grade der Hörfähigkeit aufweisen. Mit neuerdings angewandten Hörtests hat man festgestellt, daß es Hunde gibt, die nur mit einem Ohr hören können. Diesen Hunden fehlt die Fähigkeit Geräusche richtig zu orten. Beispiel: Möchte man sie bei fehlendem Sichtkontakt herbeirufen, suchen sie die Geräuschquelle zuerst in der falschen Richtung und rennen ziellos hin und her. Normalerweise können einseitig hörende Hunde selten als einseitig taub erkannt werden, sie verhalten sich normal und führen – vorausgesetzt, sie besitzen ein konstantes Wesen – in der Familie ein unbeschwertes Leben. Einzig von der Zucht sollen einseitig hörende sowie eindeutig schwerhörige Tiere ausgeschlossen werden. Die Tatsache, daß die Anlage vererbt wird, steht außer Zweifel, selbst wenn der Erbgang momentan noch unklar ist.
Rassebedingt wird die Taubheit immer wieder festgestellt werden. Die Taubheit kann aber in Zukunft vermindert werden, wenn befallene Tiere erkannt werden.

Hüftgelenksdysplasie

Die Hüftgelenksdysplasie (HD) ist eine Deformation des Hüftgelenks. Der Kopf des Oberschenkelknochens paßt nicht mehr in die im Hüftbein vorhandene Gelenkpfanne. Er wird nicht mehr vollständig umschlossen und der Gelenkspalt wird breiter. Infolge dessen fehlt es an der nötigen Gelenkstabilität. Die veränderte Beanspruchung einzelner Gelenkteile führt zwangsläufig zu Entzündungen am Gelenk. Als verhängnisvolle Folge der HD entsteht eine Arthrose, die früher oder später zu Beschwerden in der Bewegung führt.
Die HD ist wesentlich auf erbliche Einflüsse zurückzuführen, obwohl vermutlich die Erkrankung durch viele Umwelteinflüsse ebenfalls begünstigt wird, wie glatte Böden im Auslauf, Überforderung des Junghundes und Überfütterung während des Wachstums. Im Gegensatz zu anderen Eigenschaften des Hundes, die sich nach den einfachen Mendel'schen Gesetzen vererben, ist die HD ein komplexes Geschehen, an dem vermutlich viele Erbfaktoren beteiligt sind. Je mehr Faktoren für diese Eigenschaften vorhanden sind, sich also addieren, um so ausgeprägter tritt das bestimmte Merkmal auf. Niemand kennt, trotz der heutigen hochstehenden Forschung, den genauen Erbgang. Möglich sind fließende Übergänge vom normalen gesunden Gelenk bis hin zur schwersten Veränderung. Dieser Umstand zeigt, wie wichtig es ist, nur mit gesunden, HD-freien Hunden zu züchten.
Eine HD-Überprüfung wird mittels einer Röntgenuntersuchung vorgenommen. Eine verbindliche Diagnose ist erst möglich, wenn das Skelett und die Bänder des Hundes ausgewachsen und gefestigt sind; beim Dalmatiner erst im 2. Lebensjahr.

Notfälle

Erste Anzeichen

Der Hundebesitzer merkt meist instinktiv, wenn mit dem Hund etwas nicht stimmt. Stets müssen Warnsignale ernst genommen und tierärztlich abgeklärt werden. Ein Dalmatiner, der normalerweise sehr aktiv ist, sich plötzlich aber verkriecht, zeigt damit, daß ihm überhaupt nicht wohl ist. Vermutlich ist eine Krankheit im Anzug, die bei rechtzeitiger Hilfe unter Kontrolle gebracht werden kann. Die folgende Aufstellung dient als Hilfe für eine genaue Beobachtung und Beschreibung der Symptome beim Tierarzt.

Fieber

Die normale Körpertemperatur eines gesunden Hundes liegt zwischen 38° und 39°. Erhöhte Temperatur zeigt an, daß das Immunsystem des Tieres die körpereigenen Abwehrkräfte mobilisiert und damit versucht, eine beginnende Erkrankung unter Kontrolle zu bringen. Fieber ist ein ernstzunehmendes Krankheitssymptom. Auslöser eines Fieberschubes können ein entzündlicher Prozess, eine beginnende Infektionskrankheit, eine allergische Reaktion, ein Sonnenstich oder eine extreme Körperbelastung sein. Typische Symptome sind: trockener heißer Nasenspiegel, glanzlose müde Augen, heiße Ohren, leichtes Körperzittern. Der Patient ist weniger aktiv, schläft viel, verweigert meist die Nahrung. Wichtig ist eine unverzügliche Abklärung durch den Tierarzt.

Erbrechen – Durchfall

Das Erbrechen ist im allgemeinen ein natürlicher Vorgang. Es geschieht meist, wenn der Hund zu schnell oder zuviel frißt. Häufig scheidet er so auf natürliche Weise unverdauliche Stoffe wie Knochen, verdorbene Nahrungsmittel, aber auch Giftstoffe aus.
Bei vielen bakteriellen und virusbedingten Infektionskrankheiten sind die ersten Symptome Erbrechen und etwas später Durchfall. Nahrungswechsel oder Schneefressen reizt Magen und Darm. Bei unbekömmlichen «Fundsachen», die der Hund draußen aufstöbert, ist eine lebensgefährliche Vergiftung leider nie auszuschließen. Ängstliche oder nervöse, meistens auch überaktive Hunde leiden oft unter Darmbeschwerden; jede Aufregung schlägt ihnen auf Magen und Darm.
Nicht immer harmlos ist das Verschlucken von harten Gegenständen, die vielfach zu einem Darmverschluß führen können.
Bleibt das Unwohlsein bestehen, dann ist es meist ernster Natur und als erste Maßnahme ist wichtig, dem Patienten während 24 Stunden keine feste Nahrung, sondern ausschließlich Wasser oder Tee vorzusetzen. Trinkt er und läßt die Erkrankung spürbar nach, kann dem Tier wenig gekochter Reis oder Kartoffelstock angeboten werden. Nimmt der Hund gar keine Flüssigkeit auf, ist sein Allgemeinbefinden gestört und hat er Fieber, muß er unverzüglich zum Tierarzt.

Ohrenentzündung
Anzeichen einer Ohrenentzündung sind Kratzen am Ohr, Kopfschütteln und schließlich ein geröteter Gehörgang mit einer unangenehm riechenden Absonderung. Ist eine Entzündung bereits soweit gediehen, ist ein Besuch beim Tierarzt angezeigt. Übermäßiges Kopfschütteln muß unbedingt verhindert werden, soll an der Ohrmuschel nicht infolge einer Gefäßruptur ein Othämatom (Blutohr) entstehen.

Bindehautkatarrh
Die häufigste Erkrankung am Auge ist die Bindehautentzündung (Konjunktivitis). Verantwortlich dafür sind meist Durchzug am offenen Autofenster, extreme Sonnenbelastung, Verletzungen durch Dornen, Gräser und Fremdkörper wie Sand, Pollen oder sonstige Reize, auch Infektionen durch Krankheitskeime wie Bakterien oder Viren. Starke Rötung der Bindehaut erzeugt Schmerz mit Juckreiz und Tränenfluß und erfordert eine gezielte Behandlung.

Hautverletzungen
Kleine Wunden müssen im allgemeinen nicht behandelt werden. Eine Desinfektion mit herkömmlichen Mitteln genügt und sie heilen bald aus. Kleinere Bißwunden oder Schrammen, die beim wilden Spiel gerne auftreten, erfordern genaue Kontrolle. Vor allem bei Löchern in der Halsgegend, am Rücken oder in den Gliedbeugen kann eine Infektion auftreten, die eine tierärztliche Versorgung nötig macht.

Klaffende Wunden müssen vom Tierarzt desinfiziert und genäht werden. Inzwischen empfiehlt sich höchstens ein Anlegen eines Notverbandes.

Wachstumsstörungen
Gelenkserkrankungen entstehen meist bei zu schnellem Wachstum, bei Überbelastung durch übermäßiges Körpergewicht und körperlicher Überforderung. Man kann in diesem Zusammenhang nicht oft genug vor Folgeschäden warnen, deren Ursprung eine körperliche Überforderung des noch nicht fertig ausgebildeten und ausgewachsenen Körpers des Welpen und Junghundes ist. Dies kann um so eher geschehen, wenn der junge Hund, wie der Dalmatiner, ein überschäumendes Temperament besitzt.
Eine krankhafte Anlage ist beim Dalmatiner relativ selten. Erkranken können Ellenbogen-, Knie-, und Sprunggelenksknochen. Hauptsächlich werden diejenigen Gelenke betroffen, die einer großen mechanischen Belastung ausgesetzt sind, wie Ellenbogen- und Schultergelenk. Die krankhafte Veränderung besteht darin, daß Knorpelteilchen oder Knochenfortsätze abgespalten werden, die nun frei im Gelenk liegen oder auch an falscher Stelle anwachsen können. Diese Klümpchen nun wirken wie «Erbschen im Schuh», und es kommt zu einer ständigen Reibung, die zu einer sekundären Entzündung führt: Der Hund hat Schmerzen und beginnt zu hinken. Erleichterung kann nur die operative Entfernung der Ursache bringen.

Magendrehung
Der Zustand der Magendrehung ist absolut lebensbedrohend und kommt beim Dalmatiner glücklicherweise selten vor. Weil aber oft ältere Tiere – vor allem solche mit breitem und tiefem Brustvolumen – gefährdet sind, soll hier darauf hingewiesen werden. Alarmzeichen ist, wenn einige Zeit nach der Mahlzeit der Bauch des Hundes anschwellt – der Magen füllt sich mit Gas – und das Tier eine große Unruhe zeigt. Es kommen starke Bauchschmerzen, erschwerte Atmung und starke Speichelabsonderung hinzu. Diese Symptome erfordern eine sofortige ärztliche Hilfe. Jede Sekunde zählt und nur eine blitzartige Operation kann die Lebensrettung bringen. Die Ursachen sind nicht genau bekannt; erwähnt werden eine übermäßige Futtermenge (meistens bei nur einmaliger täglicher Fütterung), zu schnelles Schlingen, Fütterung mit Trockenfutter und übermäßiges Trinken, extreme Bewegung nach der Fütterung.

Der Rassestandard

Der Rassestandard ist eine möglichst eindeutige und umfassende Beschreibung der Körper- und Wesensmerkmale, die ein vollkommenes Rassetier aufweisen muß. Er wird nach den Bestimmungen der *Fédération Cynologique Internationale (F.C.I.)* – der internationalen Dachorganisation des anerkannten Hundewesens – im Ursprungsland der Rasse festgelegt. Ursprungsland für die Dalmatinerrasse ist im Sinne der F.C.I. «Dalmatien, kroatische Republik».

vom 14. September 1994
Der F.C.I. – Standard Nr. 153 D
Ursprung: Dalmatien, kroatische Republik
Patronat: F.C.I.
(Datum der Publikation des Originalstandards 15. September 1992)
Klassifikation F. C. I.:

Gruppe	6	(Laufhunde, Schweißhunde und verwandte Rassen)
Sektion	3	(Verwandte Rassen ohne Arbeitsprüfung)
Verwendung:		Begleithund, Familienhund. Geeignet zur Abrichtung als Begleit- und Sanitätshund

Allgemeines Erscheinungsbild*:*
Der Dalmatiner ist ein augenfällig getupfter, starker, muskulöser und lebhafter Hund. Er ist symmetrisch in seinen Umrissen, frei von Grobheiten und Schwerfälligkeiten und fähig mit großer Ausdauer schnell zu laufen.
Verhalten und Charakter: Angenehmes Wesen, freundlich, nicht scheu oder zurückhaltend und frei von Nervosität und Aggressivität.
Kopf und Schädel: Der Kopf ist von guter Länge. Der Schädel soll flach, zwischen den Ohren am breitesten und an den Schläfen gut geformt sein. Er soll einen deutlichen Stop aufweisen. Falten sind unerwünscht. Der Fang ist lang und kräftig und darf nicht spitz zulaufen. Die Lefzen sollen eng am Kiefer anliegen und nicht überhängen. Die Nase ist beim schwarz getupften Farbschlag immer schwarz und beim braun getupften Farbschlag entsprechend braun.
Fang und Gebiß: Kräftiger Kiefer mit perfektem, regelmäßigem und vollständigem Scherengebiß.
Augen: Die Augen sollen mäßig auseinander liegen und von mittlerer Größe sein; rund, klar und funkelnd, mit einem intelligenten Ausdruck. Beim schwarz getupften Farbschlag müssen die Augen dunkel und beim braun getupften mittelbraun bis bernsteinfarben sein. Die Lidränder sind beim schwarz getupften Farbschlag durchgehend schwarz oder sehr dunkel und beim braun getupften Farbschlag durchgehend braun.
Behang: Die Ohren sind hoch angesetzt, von mittlerer Größe und ziemlich breit im Ansatz. Am Kopf anliegend getragen, werden sie allmählich schmäler bis zu ihrer abgerundeten Spitze. Sie sind dünn und fein in ihrer Struktur und gut getupft.
Hals: Der Hals soll mäßig lang, gut gewölbt und leicht sein. Er soll zum Kopf hin schmaler werden und ganz ohne Wamme sein.
Körper: Die Brust soll tief und geräumig sein. Die Rippen sind gut gewölbt und der Widerrist gut abgesetzt. Der Rücken ist kraftvoll und gerade und die Lenden stark bemuskelt und leicht gewölbt.
Rute: Ungefähr bis zum Sprunggelenkhöcker reichend, kräftig am Ansatz und gegen das Ende gleichmäßig dünner werdend und keinesfalls grob. Die Rute soll weder zu tief noch zu hoch angesetzt sein. Leichte Aufwärtsbiegung, aber keinesfalls geringelt. Tupfen sind erwünscht.

Gliedmaßen

Vorhand: Die Schultern sollen leicht schräg und trocken bemuskelt sein. Die Ellenbogen müssen eng am Körper anliegen. Die Vorderläufe sind völlig gerade, starkknochig und kräftig. Die Vorderfußwurzelgelenke sollen Elastizität zeigen.

Hinterhand: Muskeln stark entwickelt und gut sichtbar. Kniegelenke gut gewinkelt. Leicht angewinkelte Sprunggelenke. Von hinten gesehen sind die Läufe parallel.

Pfoten: Rund, fest, mit gut gewölbten Zehen (Katzenpfoten) und runden, zähen, elastischen Ballen. Die Zehennägel sind schwarz oder weiß beim schwarz getupften Farbschlag, beziehungsweise braun oder weiß beim braun getupften.

Gangwerk, Bewegung: Völlig gelöster Bewegungsablauf und regelmäßige, kraftvolle, rhythmische Bewegung mit ausgreifendem Schritt. Von hinten gesehen bewegen sich die Läufe parallel, die Hinterhand in der Spur der Vorderhand tretend. Kurze Schritte und paddelnde Bewegung sind fehlerhaft.

Haarkleid: Kurz, hart, dicht, glatt und glänzend.

Farbe: Die Grundfarbe ist rein weiß. Tiefschwarze Tupfen beim schwarzen Farbschlag und leberbraune beim braunen Farbschlag. Die Tupfen sollen nicht ineinanderlaufen, rund, klar begrenzt und gut verteilt sein. Die Größe soll 2 bis 3 Zentimeter im Durchmesser betragen. Die Tupfen am Kopf, an der Rute und an den Gliedmaßen sollen kleiner sein.

Größe / Gewicht: Die Ausgewogenheit der Proportionen ist von hoher Bedeutung.

Größe:	Rüden:	56 – 61 cm
	Idealgrößen	58 – 59 cm
	Hündinnen:	54 – 59 cm
	Idealgrößen	56 – 59 cm
Idealgewicht:	Rüden:	ca. 27 kg
Idealgewicht:	Hündinnen:	ca. 24 kg

Fehler: Jede Abweichung von den vorgenannten Punkten muß als Fehler angesehen werden, dessen Bewertung im genauen Verhältnis zum Grad der Abweichung stehen sollte.

Zuchtausschließende Fehler:

Platten
Monokel
Dreifarbigkeit (schwarze und braune Tupfen auf demselben Hund)
Lemon (zitronenfarbige bzw. bronzierte Tüpfelung)
Andere Pigmentfehler
Blau- und Birkauge
Ausgesprochen ängstliches oder aggressives Verhalten.

_N.B.:_ Rüden müssen zwei offensichtlich normal entwickelte Hoden aufweisen, die sich vollständig im Hodensack befinden.

Foto: Anna Ollikainen

Nützliche Adressen

Internationaler Dachverband:

F.C.I. Fédération Cynologique Internationale
12, rue Leopold II, B-6530 Thuin

Schweiz:

SKG Schweizerische Kynologische Gesellschaft
Falkenplatz 11, CH-3012 Bern

SDC Schweizerischer Dalmatiner-Club
Buchenweg 5, CH-4803 Vordemwald

Deutschland:

VDH Verband für das Deutsche Hundewesen e.V.
Westfalendamm 174, D-44141 Dortmund

DDC Deutscher Dalmatiner Club von 1920 e.V.
Poppenweiler-Str. 16, D-71672 Marbach/Neckar

CDF Club für Dalmatiner-Freunde e.V.
Lindenstr. 16, D-38271 Baddeckenstedt

DVD Dalmatiner Verein Deutschland e.V.
Am Hart 3, D-82256 Fürstenfeldbruck

Österreich:

ÖKV Österreichischer Kynologenverband
Joh.-Teufel-Gasse 8, A-1238 Wien

ÖDaC Österreichischer Dalmatinerclub
A- 8291 Burgau 75

Literaturverzeichnis

ABC für Hundebesitzer
Urs Ochsenbein
Müller Rüschlikon Verlags AG, Cham

Der Dalmatiner
Eleanor Frankling
Kosmos Verlag, Stuttgart

Der Dalmatiner
Elisabeth Wagner
Verlagsgesellschaft Rudolf Müller, Köln-Braunsfeld

The Dalmatian
Alfred and Esmeralda Treen
Howell Book House Inc., New York, N.Y.

The Dalmatian
Anna Katherine Nicholas
T.F.H. Publications, INC., New Jersey

Der Dalmatiner
Edith Huch
Otto Meissners Verlag, Schloss Bleckede/Elbe

Züchtung des Hundes
Malcolm B. Willis
Verlag Eugen Ulmer, Stuttgart

Neue Hundekunde
Prof. Dr. Eugen Seiferle
Müller Rüschlikon Verlags AG, Cham

Das Gangwerk des Hundes
Friederun Stockmann
Verlag Gollwitzer, Weiden

Brevier Neuzeitlicher Hundezucht
Dr. h.c.H. Räber
Paul Haupt, Bern

Mein Freund der Hund
Verlag «Das Beste» GmbH, Stuttgart

Lexikon der Genetik der Hundekrankheiten
Ekkehard Wiesner, Siegfried Willer
S. Karger, Basel, München, Paris, London, New York, Tokyo, Sydney